Digitalisierung in IT-Unternehmensberatungen

Wie Industrie 4.0 Beratungsdienstleistungen prägt

Bibliografische Information der Deutschen Nationalbibliothek:

Die Deutsche Nationalbibliothek verzeichnet diese Publikation in der Deutschen Nationalbibliografie; detaillierte bibliografische Daten sind im Internet über http://dnb.d-nb.de abrufbar.

Impressum:

Copyright © EconoBooks 2021

Ein Imprint der GRIN Publishing GmbH, München

Druck und Bindung: Books on Demand GmbH, Norderstedt, Germany

Covergestaltung: GRIN Publishing GmbH

Executive Summary

Die vorliegende Masterthesis thematisiert die Auswirkungen der Digitalisierung auf die strategische Positionierung einer IT-Unternehmensberatung. Aufgrund der Digitalisierung sowie der zunehmenden Vernetzung von Geräten und Systemen müssen IT-Unternehmensberatungen ihre Strategie überdenken, um auf die veränderten Anforderungen der Kunden und des Marktes reagieren zu können. Die Beratungsdienstleistung unterscheidet sich von anderen Dienstleistungen aufgrund der besonders hohen Individualität. Zu einem besseren Verständnis wird zu Beginn die Branche kurz erläutert. Für eine spätere Analyse der Einflussfaktoren werden zunächst mit der SWOT-Analyse, der Branchenstrukturanalyse sowie der McKinsey-Portfolioanalyse die Methodiken definiert. In diesem Zuge werden auch alternative Methoden erläutert.

Inhaltsverzeichnis

Abbildungsverzeichnis

Tabellenverzeichnis

Abkürzungsverzeichnis

AI	artifizielle Intelligenz (Synonym für KI)
ALM	Application Lifecycle Management
B2B	Business-to-Business
bspw.	beispielsweise
etc.	et cetera
f.	folgend
ff.	fortfolgende
Hrsg.	Herausgeber
IoT	Internet of Things
IT	Informationstechnologie
KI	künstliche Intelligenz
Mio.	Millionen
Mrd.	Milliarden
QS	Qualitätssicherung
S.	Seite
SWOT	Strengths - Weaknesses - Opportunities – Threats
u.a.	unter anderem
USP	Unique Selling Point
vgl.	vergleiche
z.B.	zum Beispiel

Glossar

Die bei Erstnennung im Text **fett** hervorgehobenen Wörter verweisen auf Begriffe, die im Glossar näher erläutert werden.

Agil / Agiles Arbeiten

Die Softwareentwicklung ist stets neuen Anforderungen ausgesetzt. Mit Hilfe des agilen Arbeitens soll es möglich gemacht werden, „schnell" und „beweglich" auf Marktveränderungen zu reagieren.[1] Im agilen Projektmanagement liegt der Fokus auf der Produkt- und Prozessverbesserung. Als erfolgskritische Faktoren werden die Flexibilität und eine frühere Lieferung des Geschäftswertes genannt. Die Besonderheit der agilen Teams liegt darin, dass lediglich die Parameter Zeit und Budget festgelegt sind. Der Umfang des Projektes ist flexibel und kann von dem selbstständig arbeitenden Team in einem dynamischen Umfeld regelmäßig neu definiert werden. Die Gesamtplanung des Projektes existiert nur so detailliert wie zwingend notwendig. Anforderungen und Ziele können sich während des Projektverlaufes ändern. Darüber hinaus ist das gesamte Team für das Ergebnis in gleichem Maße verantwortlich. Zumeist haben agile Teams ein qualitativ besseres Ergebnis als klassisch geführte Teams.[2]

Application Lifecycle Management (ALM)

„Application Lifecycle Management (ALM) steht für einen ganzheitlichen Betrachtungsansatz. Im Gegensatz zum oft ausgeprägten Denken in Abteilungskategorien steht ALM für eine durchgängige Begleitung einer Softwareanwendung. Die Rollenverteilungen zählen ebenso dazu wie die Artefakte in der Softwareentwicklung, das heißt die Produktstadien auf dem Weg zum Endergebnis der Softwareentwicklung."[3]

---

[1]   vgl. Hofert, Svenja (2018), S. 2.

[2]   vgl. Layton, Mark (2012), S. 9. vgl. Hofert, Svenja (2018), S. 5. vgl. Haupt, Georg (2019), S. 38 f. vgl. Kiefer, Christian (2019), S. 34 f.

[3]   Augsten, Stephan (2017), Online im Internet: Was ist Application Lifecycle Management? Zugriff: 22.11.2019.

Berater / Consultant

Die Begriffe werden in der vorliegenden Masterthesis als Synonyme betrachtet und sind in der Fachliteratur nicht klar definiert. Dem liegt die Tatsache zugrunde, dass der Begriff nicht geschützt ist und die Begriffe ein breites Tätigkeitsfeld umfassen. Der Arbeit des Beraters liegen folgende Merkmale zugrunde.

- „Erbringung einer professionellen, persönlich erbrachten und hochwertigeren Dienstleistung gegenüber einem privaten oder öffentlichen Betrieb
- Betriebsindividuelle Anpassung der Dienstleistungsergebnisse (in Abhängigkeit des Kundenwunsches bzw. Beratungsmandats)
- Darstellung, Analyse und Bewertung von betrieblichen Problemfeldern sowie Ableitung und Empfehlung von Verbesserungsvorschlägen und Lösungskonzepten einschließlich im Bedarfsfall Unterstützung bei der Implementierung im Betrieb
- Unabhängigkeit bei der Beurteilung und Empfehlung von Lösungsansätzen
- Zeitliche Befristung der Dienstleistung
- Durchführung durch eine Einzelperson oder ein Beraterteam
- Unterstützung des mittleren oder oberen Managements"[4]

Die Berater sind das Produkt, welches Unternehmensberatungen an den Kunden für einen bestimmten Zeitraum verkaufen.

DevOps

„Bei der Bezeichnung DevOps handelt es sich um ein Kunstwort, das durch Verkürzung und Zusammensetzung der beiden englischen Wörter *Development* (Entwicklung) und *Operations* (Betrieb) entstanden ist. Damit sind die jeweiligen Organisationseinheiten im IT-Bereich gemeint, die in einer traditionell-funktionalen Organisation klassischerweise getrennt sind und mit unterschiedlichen Zielsetzungen arbeiten. (...) Auf dem Weg vom Entwicklungsteam zum Endanwender durchläuft Software nach dem Erstellen (*Build*) diverse Tests wie etwa Funktions-, Last- oder Integrationstests, die wiederholt ein Deployment in unterschiedliche Umgebungen erfordern, bevor die getestete Anwendung schlussendlich in die Produktivumgebung ausgeliefert bzw. *deployed* wird. Während bislang

---

[4]   P. Hartel, Dirk H. (2013), S. 8.

häufig nur spezielle Wissensträger im Team die notwendigen Schritte unter beträchtlichem Zeitaufwand und hoher Fehleranfälligkeit manuell durchgeführt haben, strebt DevOps eine möglichst vollständige Automatisierung der gesamten Pipeline an."[5]

Personaldienstleister

„Personaldienstleistungsuntemehmen werden als Institutionen interpretiert, die auf Märkten Transaktionen koordinieren. (Sie vermitteln) als Intermediäre zwischen Arbeitnehmern und Arbeitgebern und (können) aufgrund von Informations- oder Spezialisierungsvorteilen dazu beitragen, dass der Tausch von Arbeitsleistung gegen Entgelt trotz vorhandener Marktfehler zu geringeren Kosten vereinbart und durchgeführt werden kann."[6] „Die großen Anbieter im Bereich der Personaldienstleistungen mit Schwerpunkt auf Arbeitnehmerüberlassung/Zeitarbeit und Arbeitsvermittlung konzentrieren ihre Aktivitäten nach wie vor im Kernfeld der Vermittlung von qualifiziertem Personal."[7]

Scrum

Scrum ist ein agiles Projektmanagement-Rahmenwerk und eine der bekanntesten Methoden des agilen Projektmanagements. Insgesamt bestehen ein Scrum Projekt und dessen Zyklus aus mehreren kurzen Arbeitszyklen (Sprints). Im Gegensatz zum klassischen Projektmanagement ist der Projektablauf nicht durch Phasen gekennzeichnet, sondern durch Ereignisse. Ein Scrum Team arbeitet selbstorganisierend und interdisziplinär.[8]

Wasserfall-Modell

Das Wasserfallmodell ist eines der ältesten und bekanntesten Vorgehensmodelle (auch Prozessmodelle) des klassischen Projektmanagements.[9] „Im Wasserfallmodell werden die Entwicklungsaktivitäten (z.B. Anforderungsanalyse, Entwurf, Implementierung, Test) nacheinander abgeschlossen. In diesem Modell findet das

---

[5] Alt, Rainer/ Auth, Gunnar und Kögler, Christoph (2017), S. 23; S. 27.

[6] Vosberg, Dana (2003), S. 150 f.

[7] Wald, Peter M. (2005), S. 104.

[8] vgl. Brandes, Ulf et al. (2014), S. 87. vgl. Foegen, Malte et al. (2015), S. 73.

[9] vgl. Burghardt, Manfred (2013), S. 151.

Testen erst statt, nachdem alle anderen Entwicklungsaktivitäten abgeschlossen sind."[10] Die einzelnen Phasen laufen wie bei einem Wasserfall nacheinander und in fester Reihenfolge ab. In der Regel werden die Phasen einmal durchlaufen und sind nicht umkehrbar, wobei jedoch bei vielen Modellen die Möglichkeit der Rückkopplung besteht.[11]

---

[10] o.V. (2018), Online im Internet: Lehrplan Certified Tester Foundation Level, S. 30, Zugriff: 18.02.2020.

[11] vgl. Vivenzio, Alberto/ Vivenzio, Domenico (2013), S. 5 ff.

1 Einleitung

Die Einleitung beschäftigt sich zu Beginn der Masterthesis mit der Problemstellung, der Zielsetzung und der methodischen Vorgehensweise.

1.1 Problemstellung

Die Digitalisierung hat keine lange Historie, aber dennoch einen so großen Einfluss auf die heutige Volkswirtschaft, dass sie auch als vierte industrielle Revolution bezeichnet wird. Es entstehen neue Anwendungs- und Geschäftsfelder, welche den Markt verändern. Ein Teil der Unternehmen ist bereits mitten in der Umsetzung der Digitalisierungsprojekte, während andere das Thema noch nicht begonnen, es durchaus aber in Betracht gezogen haben. Mit Hilfe der Überführung analoger Daten in eine technische Version können zunehmend mehr Daten gesammelt, verknüpft, analysiert und bereitgestellt werden. Die Innovationen prägen Produkte, Dienstleistungen, Prozesse und Vertriebskanäle nachhaltig.[12] In der Software-Entwicklung werden neue Versionen nun fast wöchentlich, statt wie zuvor in einem halb- oder vierteljährlichen Rhythmus, veröffentlicht. Heutzutage ist es wichtiger denn je, dass Software einem entsprechenden Qualitätsstandard entspricht. Fehlerhafte Systeme erhöhen das Risiko, dass ein Unternehmen in Schieflage gerät und einen finanziellen Schaden erleidet. Durch die globale Vernetzung hat eine fehlerhafte Software schnell Auswirkungen auf den Ruf dieser oder sogar des ganzen Unternehmens. Vertrauen in die Software kann nur durch eine gute Qualitätssicherung (QS) geschaffen werden, welche die Fehler findet, bevor diese beim Kunden sichtbar werden. Um das Risiko von Softwarefehlern möglichst gering zu halten, arbeiten weltweit unzählige QS-Teams daran, die Qualität der IT-Produkte sicherzustellen. Dabei wird die Rolle des **Softwaretesting** und der QS-Abteilung immer wichtiger.

Insbesondere die IT-Branche profitiert von diesen Bedingungen. Es wird erwartet, dass IT-Unternehmen die neuen Entwicklungen kennen und andere Branchen unterstützen können. Der Erfolg der strategischen Positionierung des jeweiligen Unternehmens ist eng mit der Kenntnis über die aktuellen und kommenden Trends verknüpft. Dies gilt insbesondere für IT-Unternehmensberatungen, welche ihren Kunden helfen, die Herausforderungen der Digitalisierung anzunehmen

---

[12] vgl. Haase, Thomas (2017), S. 8 f.

und zu lösen. Eine fehlende Kenntnis bestimmter Techniken und Arbeitsmethoden kann zum Verlust von Marktanteilen und zur Unzufriedenheit der Kunden führen. Überdies ist die Zukunftsfähigkeit des Unternehmens gefährdet. Daher sollte die Positionierung des Unternehmens und der Produkte am Markt regelmäßig überprüft und optimiert werden. Diese Überprüfung berücksichtigt interne und externe Faktoren. Die angebotenen Dienstleistungen müssen kundenorientiert und wettbewerbsfähig sein. Aufgrund der sich stets verändernden Umfeldbedingungen und des demografischen Wandels ist es nun umso wichtiger die Mitarbeiter zufriedenzustellen und an das Unternehmen zu binden.[13]

Die Problemstellung dieser Masterthesis lässt sich wie folgt definieren. Die IT-Unternehmensberatungen sollten sich intensiv mit den Auswirkungen der Digitalisierung auf das eigene Unternehmen, die eigenen Mitarbeiter sowie auf das Branchenumfeld und die Kundenanforderungen auseinandersetzen. Die strategische Positionierung muss stets an ebendiese Auswirkungen angepasst werden, um die Wettbewerbsposition nachhaltig zu stärken und sich als verlässlicher Partner der Kunden zu etablieren.[14]

1.2 Zielsetzung

Ziel dieser Masterthesis ist es, die Auswirkungen der Digitalisierung auf die Anforderungen der Kunden, die Marktstruktur sowie die internen Anforderungen der IT-Unternehmensberatungen zu identifizieren und Lösungsansätze für die strategische Positionierung darzustellen. Zum einen soll ein grundsätzliches Verständnis für die Digitalisierung, die Branche und die Auswirkungen geschaffen werden. Zum anderen werden die Ergebnisse unter Zuhilfenahme verschiedener Analysemethoden genutzt, um umsetzbare strategische Maßnahmen abzuleiten. Abschließend soll ein Zukunftsausblick gegeben werden.

1.3 Vorgehensweise

Die Masterthesis gliedert sich in insgesamt sechs Kapitel. Nach der Einleitung, welche einen kurzen thematischen Einblick ermöglicht und die Problemstellung sowie Zielsetzung beschreibt, folgt Kapitel zwei. In diesem werden Begrifflichkeiten erläutert, die die Grundlage für den weiteren Verlauf dieser Thesis und die

---

[13] vgl. Goericke, Stephan (2019), S. 3
[14] vgl. Hess, Thomas (2019), S. 3. vgl. Mitrakis, Nikolaos (2019), S. 12 f.

Einordnung in den Kontext bilden. Im Rahmen dessen wird zunächst auf die Bedeutung der Begriffe Digitalisierung und Dienstleistung eingegangen, bevor anschließend der Fokus auf die IT-Dienstleistungen und den IT-Dienstleistungsmarkt gelegt wird.

In Kapitel 3 erfolgt die Vorstellung der Methodiken SWOT-Analyse, Branchenstrukturanalyse und McKinsey-Portfolioanalyse zur strategischen Positionierung. Die wesentlichen Ziele, Vorgehensweisen und Strategiebildungen werden beschrieben und auf ihre Sinnhaftigkeit kritisch hinterfragt. Weitere Methoden, die für die weiterführende Analyse nicht gewählt werden, sind ebenfalls kurz dargestellt.

Um dem Leser eine Einführung in die Auswirkungen der Digitalisierung auf die IT-Unternehmensberatungen zu geben, werden in Kapitel 4 zunächst die Ergebnisse aus Marktstudien zusammengefasst.

Kapitel sechs schließt die Masterthesis mit Handlungsempfehlungen und einer Zusammenfassung der Ergebnisse ab. Es wird ein zukunftsbezogener Ausblick skizziert.

2 Digitalisierung und Branchenvorstellung

Im folgenden Abschnitt werden die wesentlichen Bestandteile und Begrifflichkeiten thematisiert, welche die Basis dieser Masterthesis bilden und für das weitere Verständnis und den Lesefluss von hoher Bedeutung sind. Als Einführung in das Thema werden die Digitalisierung sowie die Branche der IT-Dienstleistung erläutert. Im Zuge dessen soll dem Leser nähergebracht werden, welche Anforderungen und Rahmenbedingungen erfüllt sein müssen, um als Unternehmen nachhaltig erfolgreich zu sein.

2.1 Begriffsdefinition: Digitalisierung

Die Geschäftswelt durchläuft seit einigen Jahren einen Wandel. Innovative, IT-basierte Geschäftsmodelle wie Augmented Reality, 3-D Printing, Big-Data und künstliche Intelligenz haben ihre Wurzeln in dem Prozess der Digitalisierung.[15] Als Digitalisierung bezeichnet man Prozesse und Effekte, welchen die Einführung neuer, digitaler Lösungen zu Grunde liegt.[16] Der Begriff wird vielschichtig definiert und genutzt, weshalb in diesem Kapitel eine einheitliche Definition für die vorliegende Thesis erläutert werden soll. Mertens beschreibt die Digitalisierung als „die Einführung neuer, auf digitalen Technologien basierender Lösungen"[17] und als die Grundlage für die digitale Transformation, also den „durch digitale Technologien hervorgerufenen Wandel".[18] Botzowski erweitert den Begriff um die Zielsetzung, denn „Digitalisierung ist die partielle bzw. totale Transformation von Geschäftsmodellen unter der Nutzung von Informations- und Kommunikationstechnologien mit dem Ziel der Wertschöpfung."[19] Unternehmen digitalisieren ihre zuvor analog gespeicherten Daten, automatisieren ihre Prozesse und vernetzen die Kunden zunehmend mit den Produkten.[20] Gartner unterscheidet zwischen den Begriffen „Digitalization" und „Digitization". Während letzteres lediglich die Umwandlung analoger Daten und Prozesse zu digitalen Daten und Prozessen definiert, bezeichnet die „Digitalization" die Digitalisierung im oben genannten Sin-

---

[15] vgl. Mitrakis, Nikolaos (2019), S. 7 ff. vgl. Mertens, Artur (2019), S. 12.

[16] vgl. Botzkowski, Tim (2018), S. 23.

[17] Mertens, Artur (2019), S. 18.

[18] Mertens, Artur (2019), S. 18.

[19] Botzkowski, Tim (2018), S. 24.

[20] vgl. Hanschke, Inge (2018), S. 357. vgl. Heuermann, Roland/ Tomenendal, Matthias und Bressem, Christian (2018), S. 9.

ne - „die Nutzung von digitalen Technologien, um Geschäftsmodelle zu verändern und um neue wertschöpfende Gelegenheiten sowie Einnahmequellen zu beschaffen".[21]

Die Digitalisierung weist verschiedene Eigenschaften auf, welche einen meist positiven ökonomischen Effekt mit sich bringen. So führt die zunehmende Vernetzung zu einem größeren Wissenstransfer, was eine höhere Produktivität, Kreativität und Innovation begünstigt. Dieser Wissenstransfer erfolgt jedoch in einer sehr hohen Geschwindigkeit, was die Reaktionszyklen verkürzt. Es wird daher erwartet, dass Unternehmen Entscheidungen zeitnah treffen und kommunizieren. Hierfür ist eine gesteigerte Integrität der Geschäftspartner zwingend notwendig. Überdies hat die Digitalisierung auch Einflüsse auf die Organisationsstruktur von Unternehmen. Sie wird dynamischer, um die Bildung von flachen Hierarchieebenen zu ermöglichen. Die Interaktion der Mitarbeiter untereinander und zum Kunden verändert sich dadurch stark. Die, in diesem Abschnitt genannten, Eigenschaften erfordern von den Unternehmen eine hohe Transparenz bezüglich der internen Prozesse, Strategien und Hierarchien.[22]

Unternehmen der IT-Branche können aus diesen Entwicklungen einen Nutzen ziehen, indem sie proaktiv den Bedarf der Kunden erkennen und die neuen Anforderungen gemeinsam mit den Kunden umsetzen. Die Digitalisierung und die damit einhergehende digitale Transformation findet sowohl in privatwirtschaftlichen als auch in staatlichen Institutionen und Unternehmen statt.[23] Die aktuellen Geschäftsmodelle werden hinterfragt und entsprechend der neuen Anforderungen weiterentwickelt. Dies gilt ebenfalls für technikferne und wissensintensive Berufsfelder wie Bildung und Journalismus.[24] In diesem Zuge wird sich die Rolle des IT-Dienstleisters zu einem IT-Beratungsunternehmen wandeln. Im weiteren Verlauf dieser Masterthesis sind die Begriffe daher als Synonyme zu verstehen.[25]

---

[21] Mitrakis, Nikolaos (2019), S. 8 ff. vgl. Hess, Thomas (2019), S. 18.
[22] Mitrakis, Nikolaos (2019), S. 28.
[23] vgl. Hess, Thomas (2019), S. 18. vgl. Heuermann, Roland/ Tomenendal, Matthias und Bressem, Christian (2018), S. 13.
[24] vgl. Deckert, Ronald (2019), S. 23.
[25] vgl. Urbach, Nils/ Ahlemann, Frederik (2016), S. 27.

2.2 Branchenvorstellung: IT-Unternehmensberatungen

Das Unterkapitel dient der Darstellung der Besonderheiten der Dienstleistungen sowie der Einführung in die Branche der IT-Unternehmensberatungen. Dies soll den Leser unterstützen, Hintergrundwissen für die in Kapitel 5 folgenden Analysen zu erhalten und die Branche mit allen Besonderheiten zu verstehen.

2.2.1 Begriffsdefinition: Dienstleistung

Der Begriff „Dienstleistung" wird in der Literatur vielfältig definiert, daher existiert keine allgemeingültige, wissenschaftliche Definition. Allgemein gilt für Dienstleistungen der Grundsatz, dass diese den immateriellen Gütern zuzuordnen sind und der Inhalt in der unmittelbaren, personengebundenen Arbeitsleistung des Produzenten besteht. Da bei dem Uno-Acto-Prinzip Produktion und Verbrauch zeitlich zusammenfallen, kann die Dienstleistung diesem Prinzip zugeordnet werden.[26] Dienstleistungen sind nicht lagerbar, transportierbar oder klar zu bepreisen. In der Praxis spricht man daher zunehmend von Kosten statt Preisen. Aufgrund des Humanfaktors ist die Dienstleistung untrennbar mit dem Leistungsersteller verbunden, was zu einer stark volatilen Qualität führen kann. Zur Abgrenzung der Merkmale wird in den Dimensionen tätigkeits-, potenzial-, prozess- und ergebnisorientierte Dienstleistung unterschieden.[27] Meffert und Bruhn definieren die Dienstleistungen als „selbstständige, marktfähige Leistungen, die mit der Bereitstellung (...) und/oder dem Einsatz von Leistungsfähigkeiten (...) verbunden sind (Potentialorientierung). Interne (...) und externe Faktoren (...) werden im Rahmen des Erstellungsprozesses kombiniert (Prozessorientierung). Die Faktorenkombination des Dienstleistungsanbieters wird mit dem Ziel eingesetzt, an den externen Faktoren, an Menschen (...) oder deren Objekten (...) nutzenstiftende Wirkungen (...) zu erzielen (Ergebnisorientierung.)".[28] Die Erbringung einer Dienstleistung muss nicht zwingend mit einem realen Produkt verknüpft sein.[29]

---

[26] vgl. Zarnekow, Rüdiger (2007), S. 9 f.

[27] vgl. Meffert, Heribert/ Bruhn, Manfred (2013), S. 23 f. vgl. Matys, Erwin (2013), S. 355 f.

[28] Meffert, Heribert/ Bruhn, Manfred (2013), S. 27.

[29] vgl. Matys, Erwin (2013), S. 355.

2.2.2 Begriffsdefinition: IT-Dienstleistungen

Unternehmen, die IT-Dienstleistungen anbieten, offerieren ihren Kunden maßgeschneiderte Lösungen. Es handelt sich demnach um sehr heterogene Güter, welche aufgrund des hohen Interaktionsgrades mit dem Kunden kaum standardisierbar sind. IT-Dienstleistungen sind klar von anderen Dienstleistungen abzugrenzen. Die Aufgabenfelder sind wissens- und zeitintensiv und sehr kundenspezifisch, daher werden sie derzeit meist bei dem Kunden vor Ort verrichtet. Diese Besonderheiten machen IT-**Berater** zu Spezialisten mit einem guten Urteilsvermögen auf ihrem Gebiet. Festgelegte Normen und Standards müssen stets erfüllt werden.[30] Für eine erfolgreiche Zusammenarbeit ist eine gute Vertrauensbasis zwischen dem IT-Dienstleister und dem Kunden von großer Bedeutung, da die Beurteilung der Qualität des IT-Consultants im Voraus schwer möglich ist.

Unternehmen können ihre externen IT-Dienstleistungen unter anderem durch Service- und Rahmenverträge beschaffen, welche mit dem Einkauf abgestimmt sind. Durch Multisourcing kann eine Lieferantenabhängigkeit vermieden werden.[31] Die Verträge mit IT-Dienstleistern können verschiedene Ausprägungen haben. Eine beliebte Vertragsart im Projektmanagement ist der Dienstvertrag, bei welchem der Leistungsumfang zeitlich definiert wird. Das Projektende ist meist offen, der Vertrag kann mit wenig Aufwand verlängert werden. Eine Abnahme des Kontingents besteht für den Kunden nicht. Der Kunde zahlt für die erbrachten Leistungen und nicht für ein bestimmtes Ergebnis. Dem gegenüber steht der Werkvertrag. Hier verpflichtet sich der Dienstleister ein vorher definiertes Ergebnis ohne Mängel zu liefern. Der Kunde muss dieses „Werk" abnehmen und zahlt nur bei Erfolg der Leistung. Bestandteile der Verträge sind spezifische Leistungseigenschaften, Abnahmemengen und Konsequenzen beim Nichteinhalten bestimmter Konditionen.[32] Darüber hinaus ist auf dem IT-Dienstleistungsmarkt neben festangestellten Beratern auch eine Vielzahl an Freiberuflern zu finden.

Im Zuge der Digitalisierung und der neuen Anforderungen an Unternehmen werden zunehmend externe Berater zu Hilfe genommen, um die benötigte Expertise sicherzustellen, die benötigt wird, um ebendiese Anforderungen umzusetzen. Ziel ist es, gemeinsam Know-how und internes Wissen aufzubauen sowie Innovatio-

---

[30] vgl. Zarnekow, Rüdiger (2007), S. 12 ff. vgl. P. Hartel, Dirk H. (2013), S.12.
[31] vgl. Foth, Egmont (2016), S. 31.
[32] vgl. Zarnekow, Rüdiger (2007), S. 33 f.

nen zu realisieren.[33] Ergänzend zu Beratungsleistungen werden auch Teile der Serviceerbringung zunehmend durch IT-Dienstleister ausgeführt. Die Branche profitiert von einer nachlässigen, technologischen Weiterentwicklung der Unternehmen in den letzten Jahren, welche es notwendig macht, Systeme anzupassen oder zu ersetzen.[34] Daher steigt der Umsatz mit IT-Consulting weiter an und wurde im Vorjahr für das Jahr 2020 mit 2.386,43 Millionen US-Dollar prognostiziert.[35] Zudem geht der Trend zu einer Auslagerung der internen IT zu einem IT-Dienstleister, da hier nach Bedarf die gewünschte Leistung abgerufen werden kann.[36] Es wird in interne und externe IT-Dienstleister unterschieden. Ein interner Dienstleister ist ausschließlich für den eigenen Konzern zuständig. Dies ist meist bei größeren Firmen wie der Telekom der Fall. Externe Dienstleister werden bei Bedarf für bestimmte Projekte angefordert.[37]

Um Risiken in der IT richtig einordnen zu können, benötigen Unternehmen und Top-Managements die Unterstützung von Spezialisten, da die Komplexität und das Wirken der Systeme oft nicht transparent und die Auswirkungen nicht direkt ersichtlich sind.[38]

Dabei stehen die traditionellen, internen IT-Abteilungen keinesfalls in Konkurrenz zu externen IT-Dienstleistern, da sie verschiedene Blickwinkel und Schwerpunkte haben, wie in Abbildung 2 ersichtlich ist.

---

[33] vgl. Mitrakis, Nikolaos (2019), S. 72 f.

[34] vgl. Weber, Herbert/ Viehmann, Johannes (2017), S. 61.

[35] vgl. Statista (2019), Online im Internet: Umsatz mit IT-Consulting in Deutschland von 2016 bis 2021, Zugriff: 15. 02 2020.

[36] vgl. Weber, Herbert/ Viehmann, Johannes (2017), S. 77.

[37] vgl. Zarnekow, Rüdiger (2007), S. 31 f.

[38] vgl. Gadatsch, Andreas/ Mangiapane, Markus (2017), S. 15.

	Traditionelle IT-Abteilung	IT-Dienstleister
Selbstverständnis des Leistungserbringers	Projektabwickler	Dienstleistungsproduzent
Grundlage der Zusammenarbeit zwischen Leistungserbringer und -abnehmer	gemeinsame Projektabwicklung	Dienstleistungsvertrieb und -einkauf
Formaler Rahmen der Zusammenarbeit	Auftragsverhältnis	Marktmechanismus
Steuerungsinstrument	Projektmanagement	Dienstleistungsmanagement
Leistungsverrechnung	Kostenverrechnung	Dienstleistungspreis
Sichtweise des Leistungserbringers	IT/Technikzentriert	kundenzentriert
Verhalten des Leistungserbringers	reaktiv	proaktiv
Bezugsobjekt des Leistungserbringers	Anwendungssystem; Lösung	Dienstleistung
Basismodell des Leistungserbringers	phasenorientierte Systemsicht (Planung, Entwicklung, Betrieb)	integrierte Dienstleistungssicht (Produktgestaltung, -herstellung)
Aufgabe der Leistungsabnehmer	Spezifikation der Systemanforderungen	Verhandlung von Dienstleistungseigenschaften

Abbildung 1: Unterschiede zwischen IT-Abteilung und IT-Dienstleister
Quelle: Zarnekow, Rüdiger (2007), S. 35.

2.2.3 Branchenvorstellung: IT-Dienstleistungsmarkt

In Zeiten der Digitalisierung nutzen Unternehmen zunehmend IT-Outsourcing, um ihre IT-Abteilungen zu unterstützen. IT-Outsourcing fasst laut Burr, Wolfgang (2014) alle Dienstleistungen zusammen, „die sich auf die informationstechnikbezogene Beratung (IT-Consulting) sowie die Implementierung und den Betrieb von EDV-Systemen durch wirtschaftlich und rechtlich selbstständige Anbieter von IT-Dienstleistungen oder im Rahmen von Gemeinschaftsunternehmen zwischen Dienstleistungsanbieter und Kunde beziehen."[39] Der Markt für IT-Dienstleistungen ist vielfältig und untergliedert sich in verschiedene Segmente wie Hardware, Software, ERP und Qualitätssicherung. Die Dienstleistungstiefe ist bei den Anbietern und Kunden stets unterschiedlich.

Durch die gestiegenen Anforderungen an die IT durch die Digitalisierung haben viele Unternehmen Schwierigkeiten bei der Anpassung und Wartung der bestehenden Systeme. Zudem müssen neue Bestandteile integriert und individuell angepasst werden. Ein Großteil der Unternehmen sieht in der eigenen digitalen Entwicklung noch viel Optimierungspotenzial, weshalb die IT-Verantwortlichen von ihren Geschäftsleitungen vor allem den Ausbau der Digitalisierung sowie die Erhöhung von Flexibilität und **Agilität** fordern.[40] Aufgrund des Fachkräfteman-

---

[39] Burr, Wolfgang (2014), S.135.

[40] vgl. DIHK (2018), Online im Internet: Wie schätzen die Unternehmen den Stand der Digitalisierung insgesamt ein?, Zugriff: 15.02.2020. vgl. Capgemini (2019), Online im Internet: Was sind die drei wichtigsten Anforderungen Ihrer Geschäftsleitung an die IT im Jahr 2019?, Zugriff: 15.02.2020.

gels fällt es Unternehmen zunehmend schwer dies aus eigenen Ressourcen zu bewerkstelligen. Die IT-Dienstleister arbeiten meist Hand-in-Hand mit dem Kunden und nehmen hierbei eine zentrale Unterstützerrolle bei der Umsetzung von digitalen Projekten ein, was sich auch in den IT-Ausgaben niederschlägt.[41] Das Kapitel 4.1. thematisiert die Auswirkungen der Digitalisierung auf den IT-Dienstleistungsmarkt umfassend.

Im Jahr 2018 konnten die Top-25-IT-Beratungen ein Wachstum von durchschnittlich 12,3% verzeichnen, wobei im Jahre 2019 ein langsameres Wachstum aufgrund des Fachkräftemangels und konjunktureller Bedingungen erwartet wurde. Weltweit sind die Investitionen in die digitale Transformation weiterhin hoch, was sich auch an der Umsatzprognose von 1.088 Milliarden US-Dollar im Jahre 2020 zeigt.[42] Diese Kombination ist für IT-Dienstleister positiv zu werten, da Unternehmen auf externe Unterstützung für die Umsetzung der Projekte angewiesen sind. Die führenden IT-Beratungsunternehmen im Jahre 2018 sind Accenture GmbH, T-Systems International GmbH sowie IBM Deutschland GmbH.[43]

---

[41] vgl. Zarnekow, Rüdiger (2007), S. 1.

[42] vgl. Gartner (2019), Online im Internet: Prognose zu den weltweiten Ausgaben für IT-Services von 2010 bis 2020, Zugriff: 28.01.2020.

[43] vgl. o.V. (2019), Online im Internet: Die 25 führenden IT-Beratungs- und Systemintegrations-Unternehmen in Deutschland, Zugriff: 27.10 2019.

3 Definition und Methodiken der Unternehmensstrategie

Zu Beginn dieses Kapitels wird die Strategie definiert. Darauf aufbauend stellt dieses Kapitel die verschiedenen Analysen und Methoden vor, die von Unternehmen als Instrument zur strategischen Positionierung genutzt werden können. Des Weiteren werden alternative Methoden zur strategischen Positionierung sowie die Gründe, warum die Auswahl nicht auf diese fällt, erläutert.

3.1 Begriffsdefinition: Strategie

Aufgrund der ökonomischen Veränderungen gewinnt die Definition einer Strategie zunehmend an Bedeutung. Technologien, Kundenanforderungen und der Wettbewerb entwickeln sich stetig weiter, was eine schnelle Reaktion auf Marktanforderungen notwendig macht. Die Globalisierung macht eine Betrachtung wesentlich größerer und komplexerer Märkte nötig. Die Anforderungen von Arbeitnehmern wirken ebenfalls auf die Strategie eines Unternehmens ein. Durch flache Hierarchien, virtuelle Organisationen und einen Fokus auf die Entfaltung der eigenen Persönlichkeit sind Unternehmen gezwungen, die Arbeitsweisen neu zu gestalten und Maßnahmen zu entwickeln, um die Mitarbeiter an das Unternehmen zu binden. Diese Faktoren zwingen Unternehmen zu einer stärkeren Außenorientierung.[44]

Unter dem Begriff „Strategie" finden sich viele verschiedene Definitionen in der Literatur. Für den weiteren Verlauf dieser Masterthesis ist es wichtig, die Bedeutung zu definieren, um ein gemeinsames Verständnis zu schaffen, wie operationalisierte Handlungsempfehlungen in die strategische Positionierung von Unternehmen zu integrieren sind. Die historischen Wurzeln liegen in den griechischen Begriffen „Stratos" (Heer) und „Agein" (führen). Im 20. Jahrhundert wurden diese in die Betriebswirtschaftslehre übernommen und seit den 60er Jahren zunehmend genutzt. Die Strategie ist demnach ein Instrument für die zukünftige Entwicklung eines Unternehmens. Dem stimmt auch Porter zu, welcher die Strategie als Ausrichtung des Unternehmens mit seiner Umwelt bezeichnet.[45]

---

[44] vgl. Zweifel, Thomas D./ Borey, Edward J. (2016), S. 12 ff. vgl. Bea, Franz Xaver/ Haas, Jürgen (2019), S. 7; S. 11.

[45] vgl. Mathieu, Alexander (2004), S. 116.

In dieser Thesis werden unter Strategie daher die für die Unternehmenszielerreichung erforderlichen Maßnahmen verstanden. Diese Maßnahmen beeinflussen den geschäftlichen Erfolg nachhaltig und zeigen eine Richtung an, in welche sich das Unternehmen entwickeln soll.

Die Basis der Strategieformulierung bilden intensive Analysen von unternehmensbezogenen Fakten. Es ist sinnvoll, sich mit der Branche und deren Erfolgsfaktoren auseinanderzusetzen, um nachhaltige Maßnahmen zu entwickeln. Darüber hinaus sind Zielkonflikte zwischen der Strategie, der Vision und den Grundsätzen des Unternehmens zu vermeiden. Eine Strategie kann nur entwickelt werden, wenn die Einflussfaktoren aus Wirtschaft, Politik, Gesellschaft, Struktur und Technik transparent sind.

Ziel einer Strategie ist es, die Ausrichtung der unternehmerischen Tätigkeiten zu optimieren und eine Basis für die Erreichung von avisierten Zielen (bspw. Markt- und Wettbewerbsposition) zu schaffen. Dazu sollte in der Strategiebildung auf die Chancen und Anforderungen des Marktes eingegangen werden. Ferner sollen Kompetenzen und Potenziale auf- und ausgebaut werden.

Eine Strategie ist in drei Ebenen aufzuteilen: Gesamtunternehmensstrategie, Wettbewerbsstrategie und funktionelle Strategie. Die Gesamtunternehmensstrategie umfasst die Festlegung langfristiger Unternehmensziele und Entscheidungen, die Auswirkungen auf das gesamte Unternehmen haben. Die Wettbewerbsstrategie legt den Fokus auf die strategische Positionierung einer einzelnen, geschäftlichen Einheit und kann Einfluss auf die Gesamtunternehmensstrategie nehmen. Die funktionelle Strategie ist die kleinste Ebene und beinhaltet die Maßnahmen, welche die einzelnen Abteilungen wie Marketing oder Finanzen umsetzen müssen, um die Ziele der Wettbewerbsstrategie zu erreichen. Jede dieser Strategien setzt eine tiefgehende Kenntnis der Geschäftsprozesse voraus und hat einen Einfluss auf die Leistungserstellung des Unternehmens.[46]

Es wird zwischen marktorientiertem-, ressourcenorientiertem und evolutionstheoretischem Ansatz unterschieden, um die Strategien zu erarbeiten. Die ersteren werden oft kombiniert und setzen voraus, dass der strategische Erfolg rational planbaren Prozessen folgt, während der evolutionstheoretische Ansatz dies

---

[46] vgl. Schawel, Christian/ Billing, Fabian (2018), S. 319 ff. vgl. Wicharz, Ralf (2012), S. 36. vgl. Bea, Franz Xaver/ Haas, Jürgen (2019), S. 12; S. 187 f.
vgl. Welge, Martin K./ Al-Laham, Andreas und Eulerich, Marc (2017), S. 17 ff.; S. 20.

ausschließt. Die Vielfalt der möglichen Instrumente und Methoden dieser Ansätze ist groß und wird in Anhang 1 dargestellt. Die Festlegung auf eine Normstrategie ist oft der Abschluss von Analysen.

Der Prozess zur Entwicklung einer Unternehmensstrategie ist in drei Phasen aufgeteilt. In der Analysephase werden die internen und externen Analysen des Unternehmens durchgeführt. Hier werden die Kosten, Prozesse, Produkte und Technologien sowie das Umfeld, der Markt und der Wettbewerb betrachtet. Daraus folgend werden die strategischen Entwicklungsmöglichkeiten beurteilt. Die Gestaltungsphase beginnt mit der Erarbeitung strategischer Optionen auf Basis der Produkt-Markt-Kombinationen (Wettbewerbsstärke, Marktattraktivität, Eintritts-/Austrittsbarrieren etc.), von Joint Ventures und Möglichkeiten der Leistungserstellung. Notwendige organisatorische Anpassungen, Stärken, Schwächen, Gefahren und Risiken werden je nach strategischer Option definiert. Die Strategien werden bewertet und ein finaler Maßnahmenplan festgelegt. Bevor die Umsetzungsphase beginnt, muss die Strategie empfängerorientiert formuliert werden. Die letzte Phase dient der effizienten Umsetzung der Strategie und operationalisierten Maßnahmen. Sie beinhaltet die Kommunikation der zuvor formulierten Strategie an alle internen und externen Stakeholder. Um eine regelmäßige Kontrolle sicherzustellen, wird ein strategisches Maßnahmencontrolling implementiert. Dies schließt die Budgetplanung und bei Bedarf das Anpassen von zeitlichen Vorgaben ein. Die Maßnahmen sind ein Teil des Change-Management-Prozesses und müssen von der Unternehmensleitung entsprechend behandelt werden.[47]

Die gewählte Strategie ist demnach die Wettbewerbsstrategie. Mit Hilfe der Kombination von markt- und ressourcenorientierten Ansätzen kann eine ganzheitliche Analyse gelingen. Die Analysephase wird in dieser Thesis vollumfänglich durchgeführt. In der Gestaltungsphase werden strategische Handlungsempfehlungen erarbeitet. Die Umsetzungsphase wird in dieser Thesis aufgrund der limitierten Seitenzahl nicht berücksichtigt.

---

[47] vgl. Bea, Franz Xaver/ Haas, Jürgen (2019), S. 27 f.; S. 221. vgl. Schawel, Christian/ Billing, Fabian (2018), S. 319 ff.

3.2 Die SWOT-Analyse der internen Umwelt und äußeren Umgebung

Die, in den 1960er-Jahren von der Harvard Business School entwickelte, SWOT-Analyse beschreibt das Akronym Strengths-Weaknesses-Opportunities-Threats (Stärken-Schwächen-Chancen-Risiken).[48] Dieses Kapitel stellt die Methode, ihre Vorgehensweise sowie Besonderheiten dar.

3.2.1 Definition und Ziel

Die SWOT-Analyse ist ein Teil der IST-Analyse des strategischen Analyseprozesses und aggregiert die Markt- und Unternehmensanalyse, um durch Gegenüberstellung Handlungsempfehlungen zu entwickeln sowie komplexe Zusammenhänge vereinfacht abzubilden.[49] Die Marktanalyse stützt sich primär auf unternehmensspezifische Veränderungen des Marktes, die Unternehmensanalyse auf die Stärken und Schwächen der Teilprozesse des Unternehmens.[50] Es ist möglich, das Instrument der SWOT-Analyse unabhängig vom Untersuchungsgegenstand zu verwenden, da es für jedwede Entscheidungsbildung verwendet werden kann und auf „formale, quantitative Strukturen verzichtet" wird.[51] Mit der Analyse der internen Unternehmensumwelt und der externen Unternehmensumgebung unter Berücksichtigung der Stärken und Schwächen soll eine Unternehmensstrategie entwickelt werden, welche die Stärken des Unternehmens fördert, die Risiken minimiert und das Unternehmen so stärker am Markt positioniert.[52] Überdies werden die Eigenschaften des Unternehmens in Relation mit den Wettbewerbern gesetzt.[53] So wird eine zukunftsweisende Gesamtstrategie für das Unternehmen vorgegeben, welche auf den Kernkompetenzen oder der Prozessoptimierung basiert.[54] Die SWOT-Analyse soll helfen, objektive Bewertungen durchzuführen und die Mission sowie die Vision des Unternehmens zu erfüllen.[55]

---

[48] vgl. Bea, Franz Xaver/ Haas, Jürgen (2019), S. 142.

[49] vgl. Perlitz, Manfred/ Schrank, Randolf (2013), S. 175. vgl. Bauer, Steffen (2016), S. 116.

[50] vgl. Herrmann, Andreas/ Huber, Frank (2013), S. 77 f. vgl. Hennig, Alexander (2019), S. 72.

[51] vgl. Kerth, Klaus/ Asum, Heiko und Stich, Volker (2011), S. 168. Perlitz, Manfred/ Schrank, Randolf (2013), S. 234.

[52] vgl. Zarnekow, Rüdiger (2007), S. 60 f.

[53] vgl. Ulrich, Peter (1998), S. 71.

[54] vgl. Wicharz, Ralf (2012), S. 76.

[55] vgl. Quincy, Ronald/ Shuang, Lu und Huang, Chien-Chung (2012), S. 2.

Bezugnehmend auf die Digitalisierung ist der Gewinn von neuen Erkenntnissen über digitale Reifegrade sowie über Potenziale, die mit den Entwicklungen einhergehen, ein weiteres Ziel.[56]

3.2.2 Vorgehensweise

Die Durchführung einer SWOT-Analyse erfolgt in sechs Schritten. Eingangs wird das zu untersuchende Objekt präzise in Betrachtung des relativen Kontexts definiert. Darauffolgend werden die vier Felder der SWOT-Analyse, wie in Abbildung 3, beschrieben.

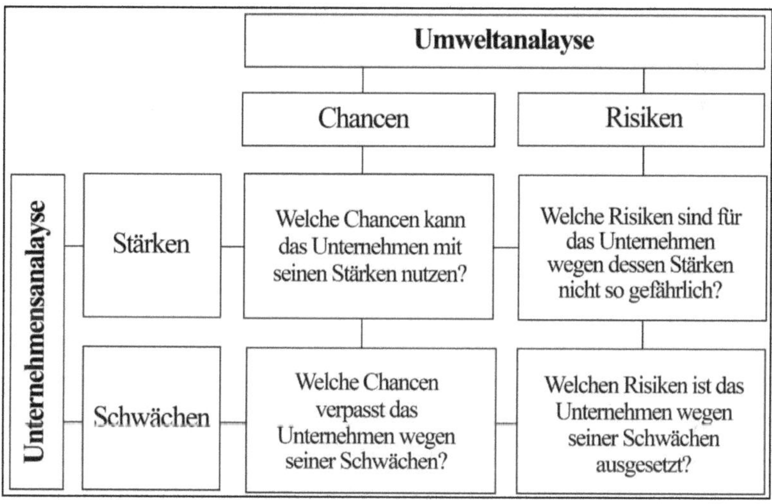

Abbildung 2: Die SWOT-Matrix

Quelle: eigene Darstellung in Anlehnung an Hennig, Alexander (2019), S. 72.

Erstellt man eine SWOT-Matrix so ist es essenziell, die Ergebnisse der Analyse logisch und nachvollziehbar aufzuzeichnen. Es empfiehlt sich daher im ersten Schritt, einen Analysebogen zu entwerfen, mit dem das Ergebnis der ergriffenen Maßnahmen zur Strategieoptmimierung nachgewiesen werden kann. Um die einzelnen Felder der Matrix zu priorisieren, kann diese um ein Punktesystem erweitert werden. Eine weitere Dimension kommt dazu, wenn man die Perspektiven erweitert und die Faktoren beispielsweise von einem Kunden oder Wettbewerber

---

[56] vgl. Foth, Egmont (2016), S. 32.

bewerten lässt. So ergibt sich ein Bild über Selbst- und Fremdwahrnehmung, welches sich über ein Netzdiagramm graphisch abbilden lässt.[57]

Anschließend ist es ratsam eine Übersicht von potenziellen internen und externen Einflussfaktoren zu erstellen. Diese Faktoren können wie folgt aussehen:

Interne Faktoren	**Externe Faktoren**
Fähigkeiten zur Beschaffung	Wirtschaftliches Klima
Marktpräsenz / Marketing	Technologische Veränderungen
Produktportfolio	Gesetzgebung
Ressourcen (Personal, Finanzen, Rohstoffe)	Kultureller Wandel
Standorte	Wettbewerb

Tabelle 1: Interne und externe Einflussfaktoren der SWOT-Analyse
Quelle: eigene Darstellung in Anlehnung an Quincy, Ronald/ Shuang, Lu und Huang, Chien-Chung (2012), S. 1 und Schawel, Christian/ Billing, Fabian (2018), S. 332.

Um die einzelnen Stärken, Schwächen, Chancen und Risiken zu identifizieren, gibt es eine Vielzahl unterstützender Fragestellungen. Zur Datenerhebung kann eine Vielzahl von Methoden genutzt werden. So werden primär die interne Befragung von Mitarbeitern und Führungskräften, Besuche von Tagungen zu Trendthemen sowie die Befragung von Branchenexperten, Marktpartnern und Konsumenten genutzt, um einen Gesamtüberblick zu erhalten.[58] Zunächst werden die marktbezogenen Chancen und Risiken identifiziert und bewertet. Diese lassen sich vom Unternehmen nicht aktiv beeinflussen.[59] Darauf aufbauend folgt die interne Analyse der unternehmenseigenen Stärken und Schwächen.

Im Folgenden wird eine Auswahl an Fragestellungen zur Identifizierung der Faktoren vorgestellt:

<u>Chancen und Risiken</u>

- Existieren Substitute für die Produkte?

- Wie ist die derzeitige Wettbewerbssituation?

- Welche Trends sind erkennbar und wie kann das Unternehmen auf diese eingehen?

---

[57] vgl. Bauer, Steffen (2016), S. 116 ff. vgl. Schawel, Christian/ Billing, Fabian (2018), S. 332.

[58] vgl. Meffert, Heribert et al. (2019), S. 274.

[59] vgl. Sternad, Dietmar (2015), S. 19 f. vgl. Kerth, Klaus/ Asum, Heiko und Stich, Volker (2011), S. 169.

- Gibt es sozio-kulturelle Veränderungen, die das Unternehmen betreffen?

- Sind Kundenbeziehungen belastet? Wenn ja, womit? Wie stark?

- Existiert eine Abhängigkeit von Lieferanten oder Partnern? Wenn ja, wie groß ist diese?

- Kann durch Cross-Selling neues Potential erschlossen werden?

- Werden neue Regulatorien und Gesetze beschlossen, die das Unternehmen betreffen?

<u>Stärken und Schwächen</u>

- Wie gut ist das Produktportfolio auf die Kundenbedürfnisse abgestimmt?

- Sind die Kunden zufrieden?

- Wie stark ist die Marke des Unternehmens in der Außenwirkung?

- Ist die Kostenstruktur im Unternehmen stabil?

- Wie stark ist das Unternehmen in einer bestimmten Kompetenz im Vergleich zur Konkurrenz? Was ist das Alleinstellungsmerkmal?

- Welche Faktoren begrenzen ein Wachstum?[60]

Sind die geeigneten Faktoren im dritten Schritt ausgewählt, werden sie auf ihre Relevanz überprüft und selektiert. Irrelevante Stärken und Schwächen sind für den Untersuchungsgegenstand strategisch ohne Bedeutung, sollten aber dennoch weiterhin beobachtet werden. Relevante Stärken und Schwächen sind für den Unternehmenserfolg von erheblicher Bedeutung.[61] Die ausgewählten Faktoren werden in die zuvor erstellten Analysebögen übertragen und bewertet.

Basierend auf diesen werden im fünften Schritt die vier Normstrategien unter folgenden Fragestellungen herausgearbeitet:

- Stärke / Chance: Welche Stärken müssen angewendet werden, um Chancen zu nutzen?

- Diese Kombination bietet dem Unternehmen die Möglichkeit, eine starke Position am Markt einzunehmen und Wettbewerber zu verdrängen.

- Stärke / Risiko: Welche Stärken müssen genutzt werden, um Risiken abzuwenden?

---

[60] vgl. Klein, Andreas (2013), S. 52 f.

[61] Hennig, Alexander (2019), S. 74 f.

- Hier ist es dem Unternehmen möglich, Risiken in Chancen umzuwandeln und strategische Vorteile zu erreichen.

- Schwäche / Chance: Welche Schwächen können minimiert werden, um Chancen zu nutzen?

- Durch Umwandlungsstrategien können Schwächen eliminiert werden. Investitionen in das Produktportfolio können beispielsweise zu einer höheren Preisbereitschaft der Käufer führen.

- Schwäche / Risiko: Welche Schwächen müssen beseitigt werden, um Risiken abzuwenden?

- Es besteht die Möglichkeit mit einer Verteidigungsstrategie die Schwächen zu eliminieren, um das Unternehmen zu schützen. Dies kann durch einen Abbau des Produktportfolios geschehen, indem defizitäre Abteilungen geschlossen werden.[62]

Bei der Ableitung der Normstrategien aus dem Analysebogen sollte stets Wert daraufgelegt werden, dass die Stärken und Schwächen nicht von den Chancen und Risiken abhängig sind oder sich die Ergebnisse widersprechen.[63]

Im sechsten und letzten Schritt sollte das Unternehmen eine Auswahl von maximal drei zentralen Themen priorisieren und diese in A-, B- und C-Strategien einordnen.[64] Diese müssen anschließend konkretisiert oder operationalisiert werden, um sich zielführend zu entwickeln.[65]

3.2.3 Bewertung der SWOT-Analyse als Instrument

In diesem Kapitel soll das Instrument der SWOT-Analyse kritisch bewertet sowie die Auswahl begründet werden.

---

[62] vgl. Sternad, Dietmar (2015), S. 19 f. vgl. Meffert, Heribert et al. (2019), S. 273 f. vgl. Klein, Andreas (2013), S. 170. vgl. Kerth, Klaus/ Asum, Heiko und Stich, Volker (2011), S. 206 ff.

[63] vgl. Herrmann, Andreas/ Huber, Frank (2013), S. 77. Herrmann, Andreas/ Huber, Frank (2013), S. 78. vgl. Kerth, Klaus/ Asum, Heiko und Stich, Volker (2011), S. 206. vgl. Perlitz, Manfred/ Schrank, Randolf (2013), S. 235 f. vgl. Bea, Franz Xaver/ Haas, Jürgen (2019), S. 1142.

[64] vgl. Sternad, Dietmar (2015), S. 20.

[65] vgl. Kerth, Klaus/ Asum, Heiko und Stich, Volker (2011), S. 206.

Dieses Analysetool wird unter anderem ausgewählt, da es simpel in Struktur und Umsetzung und kein spezieller Input aus vorherigen quantitativen Analysen notwendig ist.[66] Es ist möglich, mit nur diesem Tool eine IST-Situation zu analysieren und im Nachgang Strategien zu formulieren.[67] Darüber hinaus kann die SWOT-Analyse sowohl als Grundlage für andere Instrumente fungieren und mit diesen kombiniert werden, als auch mit Hilfe von ebendiesen gebildet werden. Da im weiteren Verlauf noch weitere Methoden genutzt werden, ist dies passend. Die folgende Abbildung gibt eine Übersicht der Input-Analysen einer SWOT-Analyse an.[68]

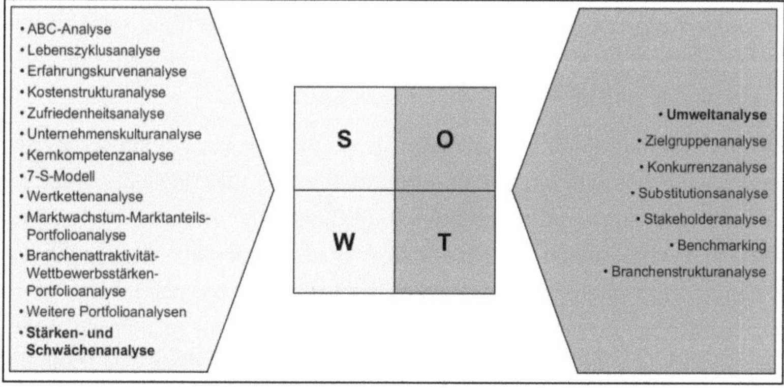

Abbildung 3: Übersicht der Input-Analysen einer SWOT-Analyse
Quelle: Kerth, Klaus/ Asum, Heiko und Stich, Volker (2011), S. 169.

Diese Art der Analyse hat den Nebeneffekt, dass sich intensiv mit der unternehmerischen Situation auseinandergesetzt wird. Bei regelmäßiger Wiederholung des Prozesses können Erfolge überprüft und Trends identifiziert werden.[69] Des Weiteren ist das Instrument, wie zu Beginn von Kapitel 3.2. bereits angeführt, universell anwendbar.

Jedoch werden meist nur einzelne Geschäftsfelder oder Fachbereiche analysiert, es fehlt der Gesamtüberblick des Unternehmens. Daher entstehen mit der SWOT-Analyse primär auf einen Bereich zugeschnittene Strategien. Herausforderungen

---

[66] vgl. Kerth, Klaus/ Asum, Heiko und Stich, Volker (2011), S. 169.
[67] vgl. Herrmann, Andreas/ Huber, Frank (2013), S. 78.
[68] vgl. Schawel, Christian/ Billing, Fabian (2018), S. 255.
[69] vgl. Kerth, Klaus/ Asum, Heiko und Stich, Volker (2011), S. 168 f.

bestehen ebenfalls in der Gefahr der mangelnden Objektivität durch die Datenerhebung sowie Verwendung von nicht quantifizierbaren Faktoren. Die Datenbeschaffung erfolgt meist über Befragungen und Workshops von Mitarbeitern, Führungskräften, Kunden und ähnlichen Zielgruppen. Daraus ergibt sich ein sehr heterogenes Feld an Antworten, welche für die Analyse mit hohem Aufwand aggregiert werden müssen. Durch die Wechselbeziehungen der einzelnen Raster kann es durchaus zu Widersprüchen und Zielkonflikten kommen. Zuletzt ist der Zeitbezug der Dimensionen als Nachteil der SWOT-Analyse zu sehen. Die interne Umwelt wird mit der IST-Situation widergegeben, wobei die Faktoren der äußeren Umgebung meist Prognosen enthalten.[70] Spezifischere Ergebnisse können mit Methoden wie der BCG-Matrix oder dem McKinsey-Portfolio erreicht werden.[71] Letzteres wird in Kapitel 3.4 detailliert erläutert und im weiteren Verlauf der Masterthesis aufbauend zur SWOT-Analyse genutzt.

Die SWOT-Analyse wird für die vorliegende Masterthesis demnach als optimales Instrument gesehen, um die Lage innerhalb und außerhalb des Unternehmens wahrzunehmen und zu analysieren. Unter Zuhilfenahme der externen Sicht kann diese auch von Kunden- oder Marktsicht bewertet werden, was das Bild komplettiert und ein weiterer ausschlaggebender Faktor für die Wahl dieser Methode in der vorliegenden Masterthesis ist. Die Klassifizierung in Stärken, Schwächen, Chancen und Risiken ermöglicht ein kurzfristiges Ableiten und Operationalisieren von Normstrategien.

3.3 Die Branchenstrukturanalyse: 5-Forces nach Porter

Die Branchenstrukturanalyse nach Porter wird auch als 5-Kräfte-Modell bezeichnet und dient dem Verständnis der Struktur, der Preissensibilität sowie der Wettbewerbsintensität einer Branche. Das vorliegende Kapitel erläutert neben Ziel und Vorgehensweise auch die fünf Wettbewerbskräfte. Zum Abschluss wird die Methode kritisch reflektiert.

---

[70] vgl. Kerth, Klaus/ Asum, Heiko und Stich, Volker (2011), S. 171; S. 208.

[71] vgl. Kerth, Klaus/ Asum, Heiko und Stich, Volker (2011), S. 94; S. 104.

3.3.1 Definition und Ziel

Porter veröffentlichte seinen Ansatz der Industrieökonomik erstmals im Jahr 1908 erschienenen Buch „Competitive Strategy: Techniques for Analyzing Industries and Competitors".[72] Die Zuhilfenahme der fünf Kräfte soll eine optimale Positionierung des Unternehmens innerhalb einer Branche ermöglichen und die Frage der Branchenattraktivität beantworten.[73] Die Aussage Porters basiert auf der Annahme, dass der langfristige Erfolg eines Unternehmens von der Wettbewerbsintensität und Rentabilität der Branche abhängt. Die 5-Forces beziehen sich auf die Wettbewerbsteilnehmer Kunden, Lieferanten, neue Wettbewerber, bestehende Wettbewerber sowie Substitutionsprodukte.

Darüber hinaus stehen diese Faktoren unter dem Einfluss von technologischen Veränderungen, staatlichen und behördlichen Maßnahmen sowie der sich stets verändernden Nachfrage. Dies bedeutet die Notwendigkeit einer regelmäßigen Wiederholung der Analyse, um eine aktuelle Aussage treffen zu können.[74] In Kapitel 3.3.3. werden die einzelnen Kräfte umfassend erläutert. Das Instrument ist für annähernd jede Art von Umfeldanalyse geeignet und kann zur Analyse von Branchen, Unternehmen oder einzelnen Produkten angewendet werden.[75]

Das Ziel der 5- Kräfte-Analyse nach Porter ist es, Auskunft zu erhalten, wie sich die Branche entwickelt und welche Maßnahmen abgeleitet werden können, damit das Unternehmen langfristig wettbewerbsfähig bleibt.[76] Dafür ist es unerlässlich, sich intensiv mit den aktuellen und zukünftigen Veränderungen der Branche zu befassen. Werden drohende Risiken früh erkannt, so lässt sich die Unternehmensstrategie anpassen und die Wettbewerbsposition sichern.[77]

---

[72] vgl. Bea, Franz Xaver/ Haas, Jürgen (2019), S. 114 f.

[73] vgl. Zweifel, Thomas D./ Borey, Edward J. (2016), S. VI. vgl. Kranz, Mathias (2007), S. 29.

[74] vgl. Herrmann, Andreas/ Huber, Frank (2013), S. 58. vgl. Perlitz, Manfred/ Schrank, Randolf (2013), S. 213 f.

[75] vgl. Schawel, Christian/ Billing, Fabian (2018), S. 141.

[76] vgl. Kerth, Klaus/ Asum, Heiko und Stich, Volker (2011), S. 160.

[77] vgl. Hennig, Alexander (2019), S. 31.

3.3.2 Vorgehensweise

Die Durchführung der Branchenstrukturanalyse kann nur erfolgen, wenn der Zugang zu den erforderlichen Marktdaten vorhanden und im ersten Schritt die Abgrenzung des relevanten Marktes und des zu untersuchenden Produktes erfolgt ist. Anschließend sollen detaillierte Informationen über die jeweiligen Wettbewerbskräfte gesammelt werden, um eine präzise Aussage über Marktdaten und Marktteilnehmer geben zu können. Addierend zu den Kernfragen können weitere Informationsquellen Statistiken, Expertenbefragungen sowie Inhalte von Fachvorträgen sein.[78] Die Abbildung 5 stellt die 5 Elemente und Kernfragen des Five-Forces-Modells übersichtlich dar, welche in Kapitel 3.3.3. noch einmal tiefergehend erläutert werden. Es ist empfehlenswert, die Ergebnisse transparent in einer Matrix festzuhalten, um nachfolgend eine Bewertung der Branchenstruktur vornehmen zu können. Im letzten Schritt werden die Handlungsempfehlungen aus den gewonnenen Erkenntnissen entwickelt und in Maßnahmen überführt.[79] Die praktische Umsetzung der Maßnahmen dient der Stärkung der Wettbewerbsposition des Unternehmens.

---

[78] vgl. Herrmann, Andreas/ Huber, Frank (2013), S. 57. vgl. Sternad, Dietmar (2015), S. 11 ff.

[79] vgl. Kerth, Klaus/ Asum, Heiko und Stich, Volker (2011), S. 163 f.

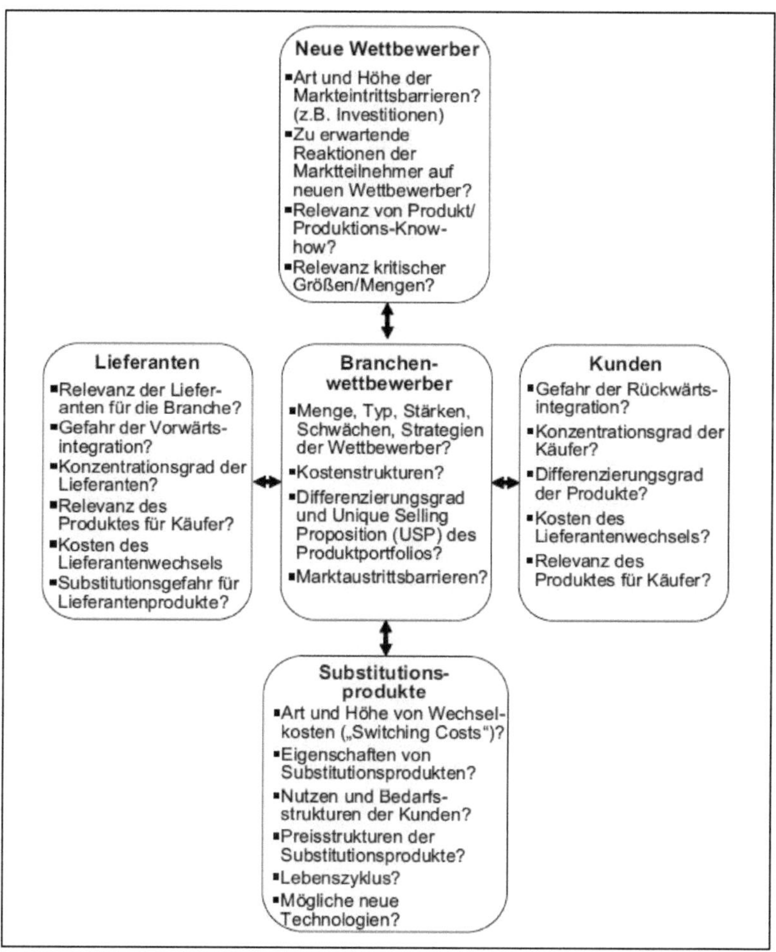

Abbildung 4: Elemente und Kernfragen des Five-Forces-Modells
Quelle: Schawel, Christian/ Billing, Fabian (2018), S. 142.

3.3.3 Die 5 Wettbewerbskräfte nach Porter

In diesem Kapitel werden die 5 Wettbewerbskräfte nach Porter detailliert erläutert und Fragestellungen dargestellt, welche während der Analyse zur Identifizierung der einzelnen Faktoren beitragen können.

Die Verhandlungsmacht der Kunden

Der Begriff „Kunde" fasst in diesem Kontext die Nachfrager und andere Unternehmen wie Zulieferer zusammen und beinhaltet somit alle Parteien, welche die Produkte des Unternehmens beziehen. Eine steigende Verhandlungsmacht der Kunden ermöglicht nicht nur einen Einfluss auf die Preisgestaltung der Unternehmen, sondern auch die Forderung nach verbesserten Leistungen zum gleichbleibenden Preis. Für den Wettbewerb bedeutet dies eine steigende Rivalität sowie eine sinkende Rendite. Die Marktmacht der Kunden steigt an, wenn sie aus einer Vielzahl von Anbietern wählen können und eine gewisse Markt- und Kostentransparenz gegeben ist. Letzteres ist vor allem bei Online-Marktplätzen und Vergleichswebsites zu beobachten. Im Falle der Zulieferer erhöht sich die Verhandlungsmacht des Unternehmens, wenn die Umstellungskosten und Risiken für einen Lieferantenwechsel als gering eingeschätzt werden und ein hohes Abnahmevolumen gegeben ist. Des Weiteren ist die Fähigkeit der Rückwärtsintegration in der Wertschöpfungskette ein erfolgskritischer Faktor.

Unternehmen können durch Zielgruppenanalysen die Kundengruppen identifizieren und Strategien entwickeln, um diese besser anzusprechen. Die unterschiedlichen Bedürfnisse müssen erkannt und durch das Produktportfolio abgedeckt werden. Darüber hinaus sollte geprüft werden, inwiefern sich die Anforderungen von Kunden an die Produkte der Branche verändern. Um der Verhandlungsstärke der Zulieferer entgegenzuwirken, sollten Unternehmen auf eine gestreute Auswahl der geschäftlichen Partner zurückgreifen und das Produktportfolio differenziert aufstellen. So lässt sich, im Falle einer Krise, der Umsatz nachhaltig sichern.

Bedrohung durch Substitutionsprodukte

Substitutionsprodukte erfüllen den gleichen Kundennutzen und beeinflussen den Wettbewerb, wenn sie durch niedrigere Preise oder bessere technische Entwicklungen für den Kunden attraktiver sind. Besonders hervorzuheben ist, dass die Substitute nicht zwingend die gleiche Funktion aufweisen müssen, sondern lediglich das Bedürfnis des Kunden gleichermaßen befriedigen. Die Gefahr für das Unternehmen steigt an, sobald ein existierendes Ersatzprodukt offensiv beworben und bei der Zielgruppe bekannter wird. Insbesondere technische Innovationen und festgelegte Branchenstandards können dazu führen, dass bisherige Produkte ersetzt werden. Man kann dieser Entwicklung kurzfristig aktiv durch Preissenkungen, zusätzliche Services für die Kunden oder auch durch das Besetzen von Vertriebswegen gegensteuern. Unternehmen sollten den Markt der Substitutionsprodukte stets beobachten, um handlungsfähig zu bleiben und Risiken zu minimieren.

Verhandlungsmacht der Lieferanten

Die Lieferanten können durch Kooperationen oder Konzentrationen einen erheblichen Machtgewinn gegenüber den anderen Unternehmen erreichen. Gelingt es, das eigene Zulieferprodukt als essenziellen Bestandteil des Folgeproduktes zu etablieren, so wird die Abhängigkeit des Lieferanten ansteigen und Preissteigerungen können durchgesetzt werden. Ferner steigt die Verhandlungsmacht der Lieferanten an, wenn die Anzahl der potenziellen Lieferanten gering und die Umstellungskosten hoch sind. Daher ist es für das Unternehmen sinnvoll, die wichtigsten Zuliefererprodukte und Lieferanten zu identifizieren und sich breit aufzustellen. Aktive Lieferantenbeziehungen müssen überwacht und kontrolliert werden. Es muss ein ständig aktueller Überblick über die Lieferantenstruktur der Branche gewahrt werden, um sich stets Optionen offen und das Risiko eines Ausfalls gering zu halten.

Bedrohung durch neue Wettbewerber

Nicht nur neue Produkte können den Markt verändern, sondern auch neue Wettbewerber. Je niedriger die Markteintrittsbarrieren und die notwendigen Fähigkeiten ebendiese zu überwinden sind, desto höher ist die Wahrscheinlichkeit, dass neue Wettbewerber auf den Markt drängen. Zu diesen Barrieren gehören beispielsweise ein hoher Kapitalbedarf, hohe Umstellungskosten und Zugang zu Vertriebskanälen sowie staatliche Regulierungen. Potenzielle Wettbewerber lassen sich durch ein ausgeprägtes Image, loyale Kunden sowie von Betriebsgrößenersparnissen abschrecken. Überdies sind die „Economies of scale" (Skaleneffekte) ein wichtiger Entscheidungsfaktor für den Markteintritt. Diese beschreiben Kostenersparnisse, welche bei erhöhter Produktion aufgrund von konstanten Fixkosten entstehen. Unternehmen können zudem mit wirtschaftlichen Vergeltungsmaßnahmen drohen, sofern ein neuer Anbieter einen Markteintritt erwägt.

Rivalität zwischen den bestehenden Wettbewerbern

Abschließend werden die bestehenden Wettbewerber betrachtet. Stagnierende oder gesättigte Märkte, hohe Fixkosten und hohe Austrittsbarrieren fördern die Rivalität. Zudem ist die Art der Differenzierung von Wettbewerbern ein erfolgskritischer Faktor. Gelingt dies nur über den Preis oder hohe strategische Einsätze ist der Erfolg meist nicht nachhaltig. Unternehmen müssen sich daher, ähnlich wie bei den Lieferanten, mit der Wettbewerbsstruktur der Branche beschäftigen sowie strategische Gruppen und wesentliche Mitbewerber identifizieren. Es ist wichtig zu wissen, welche Zielgruppen mit dem Produkt angesprochen werden und welche Stärken oder Schwächen diese haben. Bezugnehmend auf die Substitute sollte hier stets der Blick in die Zukunft erfolgen, um potenzielle Mitbewerber früh zu identifizieren und heterogene Produkte zu entwickeln. Die Rivalität zwischen den bestehenden Wettbewerbern ist ferner auch von der Branche abhängig.[80]

3.3.4 Bewertung der Branchenstrukturanalyse als Instrument

Die Branchenstrukturanalyse ist ein wirkungsvolles Instrument, um die IST-Situation des Wettbewerbs sowie potenzielle Entwicklungen übersichtlich darzustellen. Die Methode wird für die vorliegende Masterthesis ausgewählt, da durch die Aufteilung in fünf Kräfte jeder Faktor individuell untersucht wird, was eine intensive Betrachtung möglich macht. Eine abschließende Bewertung der Kräfte schafft eine Grundlage für strategische Entscheidungen und Renditeprognosen, damit im weiteren Verlauf entsprechende Handlungsmaßnahmen entwickelt werden können. Die Branchenstrukturanalyse kann ergänzend zu der SWOT-Analyse durchgeführt werden, da sie Hinweise von potenzielle Chancen und Risiken sowie Stärken und Schwächen einbeziehen kann.

Jedoch sieht diese Art der Analyse jedwede Kraft als Bedrohung. Möglichkeiten der Kooperation oder Joint Ventures werden nicht weiter in Betrachtung gezogen. Der Fokus liegt auf Unternehmen mit einem physischen Produkt. Auf komplexe Leistungen wie Dienstleistungen sind die Analysekräfte Lieferant und Kunde nur angepasst anwendbar. Für die, in dieser Masterthesis, zu untersuchende Dienstleistung wird daher die Analysekraft Lieferant angepasst. Ferner sind mit der Branchenstrukturanalyse keine quantitativ messbaren Ergebnisse zu erzielen, was die Notwendigkeit von weiterführenden Analysen bedingt. Durch ergänzende Analysen kann eine Aussage zu Lebenszyklen von Märkten und Produkten getroffen werden.[81]

---

[80] vgl. Herrmann, Andreas/ Huber, Frank (2013), S. 58 f. vgl. Sternad, Dietmar (2015), S. 13. vgl. Kerth, Klaus/ Asum, Heiko und Stich, Volker (2011), S. 161 ff. vgl. Perlitz, Manfred/ Schrank, Randolf (2013), S. 213 f. vgl. Bea, Franz Xaver/ Haas, Jürgen (2019), S. 115 ff.

[81] vgl. Kerth, Klaus/ Asum, Heiko und Stich, Volker (2011), S. 163 ff. vgl. Herrmann, Andreas/ Huber, Frank (2013), S. 57; S. 60. vgl. Bea, Franz Xaver/ Haas, Jürgen (2019), S. 111

Die Branchenstrukturanalyse wird in dieser Masterthesis genutzt, um die Einflüsse auf die Attraktivität der jeweiligen Unternehmensbranche darzustellen. Die Methode analysiert die fünf Wettbewerbskräfte und bewertet diese hinsichtlich der Relevanz ihres Einflusses. Dies ist von hoher Bedeutung, da sich das Marktumfeld dynamisch verändert und so direkte Auswirkungen auf die strategische Positionierung eines Unternehmens haben kann. Bei Bedarf kann eine Prognose aufgestellt werden. Dieses Instrument kann genutzt werden, um die Einflüsse zunächst spezifisch zu kategorisieren, klassifizieren und abschließend Maßnahmen zu entwickeln.

3.4 Die McKinsey-Portfolioanalyse

Des Weiteren wird das McKinsey-Portfolio, auch als Branchenattraktivitäts-Wettbewerbsstärken-Portfolio bekannt, erläutert und die Normstrategien dargestellt. Diese Methode soll das Unternehmen bei der effizienten Ressourcenverteilung unter Einbeziehung von internen und externen Faktoren unterstützen.

3.4.1 Definition und Ziel

Die McKinsey-Portfolioanalyse wurde von der gleichnamigen Unternehmensberatung in den 70er Jahren entwickelt und ist auch als komplexe Weiterentwicklung der BCG-Matrix bekannt. Beide Portfolios gehören zu den absatzmarktorientierten Konzepten. Der Fokus liegt bei diesem Instrument auf der reinen Empfehlung von Investitionsstrategien für abgegrenzte Geschäftseinheiten. Es besteht aus einer 9-Felder-Matrix, welche nur sinnvoll genutzt werden kann, wenn sich die einzelnen Geschäftseinheiten nicht gegenseitig beeinflussen. Die Matrix setzt die Branchenattraktivität auf der X-Achse mit der Wettbewerbsstärke auf der Y-Achse in Bezug. Hierzu werden interne und externe Faktoren gesammelt, gewichtet und analysiert. Abschließend werden Normstrategien und Handlungsempfehlungen abgeleitet. Grundsätzlich wird in drei Strategien unterschieden, welche in Kapitel 3.4.3. genauer erläutert werden.[82]

Mit Hilfe des McKinsey-Portfolios sollen Investitionsentscheidungen über die einzelnen bestehenden und potenziellen Produkt-Markt-Segmente getroffen werden. Darüber hinaus sollen die betrachteten Segmente hinsichtlich ihrer Chancen und

---

[82] vgl. Kerth, Klaus/ Asum, Heiko und Stich, Volker (2011), S. 94 ff.; S. 103. vgl. Perlitz, Manfred/ Schrank, Randolf (2013), S. 225. vgl. Bea, Franz Xaver/ Haas, Jürgen (2019), S. 168.

Risiken eingeordnet werden können. Unternehmen werden so zu einer Priorisierung und bereichsübergreifenden Diskussion der einzelnen Aktivitäten gezwungen.[83] Die Qualität der strategischen Planung soll durch den Einsatz des McKinsey-Portfolios optimiert werden.

3.4.2 Vorgehensweise

Im ersten Schritt wird die Matrix skizziert. Die X-Achse stellt die externen Faktoren der Branchenattraktivität dar, welche vom Unternehmen nicht aktiv beeinflusst werden können. Zu den Faktoren gehören Marktwachstum, Qualität des Marktes, Umweltsituationen sowie die Versorgungslage der Ressourcen. Auf der Y-Achse sind die internen Faktoren wie relative Marktposition, relatives Forschungs- und Entwicklungspotenzial sowie Qualität der Führungskräfte und Mitarbeiter abgebildet. Diese Faktoren sind aktiv zu beeinflussen. Innerhalb der Matrix werden nun beide Dimensionen in die Kategorien gering, mittel und hoch eingeteilt, woraus eine 9-Felder-Matrix entsteht. Die Auswahl und Bewertung der internen und externen Faktoren ist vergleichbar mit der Auswahl der Faktoren der in Kapitel 3.2. genannten SWOT-Analyse. Experten, Workshopteilnehmer, Führungskräfte und Mitarbeiter selektieren und priorisieren diese entsprechend ihrer fachlichen Einschätzung. In der folgenden Tabelle werden einzelne Erfolgsfaktoren beispielhaft dargestellt. Die finale Identifizierung und Auswahl der Erfolgsfaktoren obliegt jedem Unternehmen selbst.[84]

---

[83]   vgl. Hennig, Alexander (2019), S. 69. vgl. Schawel, Christian/ Billing, Fabian (2018), S. 255.
[84]   vgl. Kerth, Klaus/ Asum, Heiko und Stich, Volker (2011), S. 98 f.

Wettbewerbsstärke	Marktattraktivität
relative Marktposition	Wettbewerbsintensität
relativer Produktionsvorteil	Marktwachstum
relative Gewinn- und Kostenposition	Umsatzrendite
relative Mitarbeiterqualifikation	Markteintrittskosten
Patentabsicherung	Rivalität des Marktes
relatives Forschungs- und Entwicklungs-potenzial	Differenzierungsmöglichkeiten des Produktes

Tabelle 2: Einflussfaktoren der McKinsey-Portfolioanalyse
Quelle: eigene Darstellung in Anlehnung an Kerth, Klaus/ Asum, Heiko und Stich, Volker (2011), S. 99, Perlitz, Manfred/ Schrank, Randolf (2013), S. 221 und S. 233 sowie Hennig, Alexander (2019), S. 71.

Daher sollte im zweiten Schritt eine Bewertungsskala erstellt werden, um die einzelnen Faktoren übersichtlich aufzulisten, transparent zu bewerten und die Branchenattraktivität sowie die Wettbewerbsstärke zu beurteilen. Es ist hilfreich, die einzelnen Faktoren durch ein Punktesystem zu bewerten und je nach Relevanz eine Gewichtung vorzunehmen. Abschließend werden die Werte zu einer Zielgröße aggregiert. Schritt 3 gibt zwei Methoden der Übertragung der Werte in die Matrix vor. Die simple Methode ordnet die Werte in jeweils eine der drei verfügbaren Kategorien ein, ohne die beiden Merkmale zu verdichten. Dies hat jedoch einen hohen Informationsverlust zur Folge, sodass die genauen Abstände nicht mehr abgelesen werden können. Die zweite Methode ist wesentlich komplexer und benötigt vorab eine Festlegung von individuellen, adäquaten Skalen für die beiden Achsen. So können die Werte exakt bestimmt und in die entsprechenden Koordinatenabschnitte eingetragen werden. Die grafische Darstellung erfolgt mittels Blasen. Abschließend werden die Ergebnisse analysiert und in die Normstrategien eingeordnet. Diese geben Aufschluss über die strategische Einordnung der zu erarbeitenden Handlungsempfehlungen und werden im nachfolgenden Kapitel detailliert erläutert. Der letzte Schritt beinhaltet die intensive Auseinandersetzung mit der gewählten Strategie und dem Erarbeiten von Maßnahmen zur Umsetzung.[85]

3.4.3 Die Normstrategien

Die Handlungsempfehlungen folgen bei diesem Instrument den vorgegebenen Normstrategien. Durch die Analyse der Marktattraktivität und Wettbewerbsstärke aggregiert sich ein Wert, welcher in einem der neun Felder liegt. Die drei Normstrategien Investition, Selektion und Desinvestition liegen in verschiedenen Bereichen der Matrix vor, wie in Abbildung 6 zu erkennen ist.

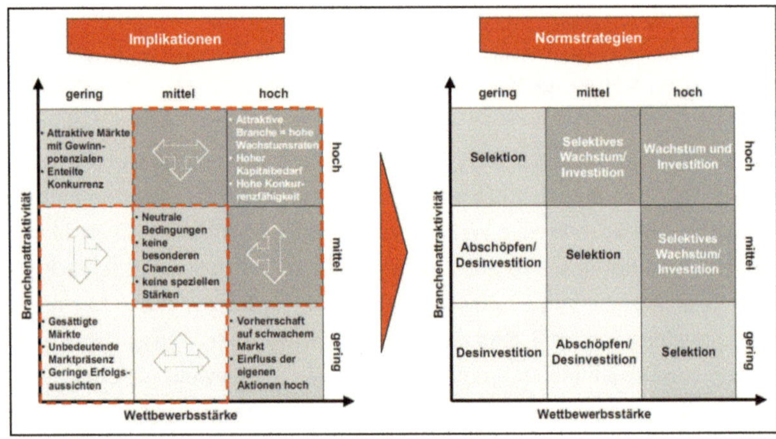

Abbildung 5: Normstrategien der McKinsey Portfolioanalyse
Quelle: Kerth, Klaus/ Asum, Heiko und Stich, Volker (2011), S. 212.

Eine mittlere bis hohe Ausprägung beider Achsen empfiehlt, Kapital zu binden und das Unternehmen zu expandieren. Um eine Vorherrschaft und hohe Wachstumsraten zu erzielen, muss zunächst Kapital investiert werden. Eine niedrige Ausprägung beider Achsen weißt auf einen geordneten Rückzug aus dem Geschäftsfeld durch Desinvestitionen hin. Es ist sinnvoll letzte Gewinne abzuschöpfen, allerdings sollte dies ohne Ressourceneinsatz erfolgen. Die mittelmäßig sowie ungleich ausgeprägten Segmente sollten besonders heterogen betrachtet werden, Strategien können hier Kostenführer-, Differenzierungs- oder Nischenstrategien

---

[85] vgl. Kerth, Klaus/ Asum, Heiko und Stich, Volker (2011), S. 95 ff.; S. 97 ff. vgl. Perlitz, Manfred/ Schrank, Randolf (2013), S. 221 f. vgl. Bea, Franz Xaver/ Haas, Jürgen (2019), S. 173.

sein. Das Ziel ist es, durch die Wahl der richtigen Strategie Chancen im Markt zu identifizieren und diese in Stärken umzuwandeln.[86]

3.4.4 Bewertung der McKinsey-Portfolioanalyse als Instrument

Ähnlich der vorangegangenen Instrumente soll auch die McKinsey-Portfolioanalyse hinsichtlich ihrer Eignung als Instrument für die strategische Positionierung bewertet werden.

Diese Methode wird für die Analyse der strategischen Positionierung genutzt, da sie komplexe, individuelle Maßgrößen und Gewichtungen in die Bewertung der Kriterien Branchenattraktivität und Wettbewerbsstärke miteinbezieht sowie übersichtlich darstellt. Die Vielzahl an einzelnen Faktoren kann so spezifischer und intensiver analysiert werden. Allerdings wird hier auch die Subjektivität des Instruments deutlich, daher ist es empfehlenswert auch auf quantifizierbare Vergleichsdaten zurückzugreifen. Die Festlegung auf konkrete Ausprägungen wird so vereinfacht. Mittels Durchführung der Analyse wird die Auseinandersetzung des Unternehmens mit den verschiedenen Kräften forciert.

Die McKinsey-Analyse ist komplexer als ihr Vorgänger, die BCG-Matrix. Das Unternehmen legt bereits zu Beginn ein besonderes Augenmerk auf die Abgrenzung der zu betrachtenden Geschäftseinheit, um eine zielführende Analyse durchführen zu können. Dies und die Auswahl sowie Bewertung der Einflussgrößen ist mit einem hohen Personalaufwand verbunden. Es besteht die Gefahr, dass viele Unternehmen sich in den mittleren Bewertungskategorien einordnen. Daher ist die in Kapitel 3.4.2. genannte zweite Methode zur Darstellung zu bevorzugen. Sofern Unternehmen regionale Strategien entwickeln wollen, muss pro Region eine individuelle Analyse erfolgen. Werden die Normstrategien unreflektiert angewendet, so wirkt dies dem ursprünglichen Ziel, der Schaffung von individuellen Wettbewerbsvorteilen, entgegen. Die McKinsey-Analyse ist kein festgesetzter Vergleichsmaßstab für die Attraktivität einer Branche, kann aber als effizientes und

---

[86] vgl. Perlitz, Manfred/ Schrank, Randolf (2013), S. 224; S. 231. vgl. Kerth, Klaus/ Asum, Heiko und Stich, Volker (2011), S. 212 f.

sinnvolles Instrument für die strategische Positionierung eines Unternehmens betrachtet werden.[87]

Zusammenfassend lässt sich sagen, dass die McKinsey-Portfolioanalyse durch die Kombination von qualitativen und quantitativen Faktoren für die Analysen in dieser Masterthesis eine solide Aussage zu Wettbewerbsstärke und Marktattraktivität geben kann. So werden die beiden zuvor genannten Methoden ergänzt. Die Möglichkeit der Gewichtung und Bewertung der einzelnen Faktoren stützt dies. Ferner ermöglicht die automatische Einordnung in eine der 9-Felder die sofortige Zuordnung zu der passenden Normstrategie.

3.5 Alternative Methoden der strategischen Positionierung

Neben den vorgestellten Instrumenten können auch andere eine Auskunft zur strategischen Positionierung von Unternehmen geben. Eine Auswahl alternativer Methoden wird in diesem Kapitel kurz vorgestellt und es wird begründet, warum diese in der vorliegenden Thesis keine weitere Beachtung finden.

3.5.1 Benchmarking

Benchmarking ist als Synonym für „Messlatte" oder „Messpunkt" zu verstehen und wird verwendet, um die Leistungsfähigkeit von Einheiten zu beurteilen und zu vergleichen. Als Einheit werden alle abgrenzbaren, organisatorischen Einheiten wie Unternehmen und Prozesse verstanden. Der Vergleich bezieht sich auf wirtschaftliche, technologische, soziale sowie organisatorische Faktoren. Mit Hilfe von Best Practices sollen die Unterschiede zum Untersuchungsgegenstand aufgezeigt und deren Ursachen offengelegt werden. Ziel ist es, die Leistungsfähigkeit der zu untersuchenden Einheit nachhaltig zu steigern und somit eine positive Entwicklung hinsichtlich der Wettbewerbsvorteile zu erlangen. Dazu werden Maßnahmen für die Optimierungspotenziale entwickelt und implementiert. Basis für eine solche Analyse bildet die substanzielle Kenntnis aller zu untersuchenden, internen Prozesse. Benchmarking sollte als dauerhafter Veränderungsprozess in

---

[87] vgl. Meffert, Heribert et al. (2019), S. 314 f. vgl. Kerth, Klaus/ Asum, Heiko und Stich, Volker (2011), S. 100 f. vgl. Perlitz, Manfred/ Schrank, Randolf (2013), S. 221 ff.; S. 232. vgl. Hennig, Alexander (2019), S. 72.

den Unternehmen etabliert werden, um langfristige Verbesserungen zu erzielen.[88] Dabei kann zwischen internem und externem Benchmarking unterschieden werden. Internes Benchmarking bezieht sich auf interne Vergleichsobjekte wie andere Geschäftsbereiche oder Filialen. Diese Methode ist aufgrund der vereinfachten Datenbeschaffung und ähnlichen Prozessen geeignet, um eine Leistungsverbesserung im Unternehmen zu erreichen. Das Optimierungspotenzial ist allerdings begrenzt. Externes Benchmarking bezieht sich auf Wettbewerber und andere Unternehmen der Branche. Dies können Zulieferer, aber auch konkrete Wettbewerber sein. Hier zeigt sich während der Analyse in Teilen eine Ähnlichkeit zur klassischen Wettbewerbsanalyse. Wird das Benchmarking kontinuierlich betrieben, so erhält das Unternehmen stets eine aktuelle Analyse der Marktentwicklung und kann die Wettbewerbsposition stärken.[89] Neben der Art des Vergleichsobjektes lässt sich Benchmarking auch nach der Art des Betrachtungsgegenstandes differenzieren. Die Arten Produkt-, Prozess- und Strategie-Benchmarking werden im Folgenden kurz erläutert. Das Produkt-Benchmarking ist nah mit der Wettbewerbsanalyse verknüpft und betrachtet die Produktmerkmale unter Bezugnahme auf Kundenzufriedenheit und Identifikation mit dem Produkt. Ferner werden die interne Segmentierung und Komplexität der Leistungsspannen verglichen. Das Prozess-Benchmarking betrachtet primär die Prozesse und Betriebsabläufe und soll den bestmöglichen Prozess identifizieren. In die Betrachtung werden auch qualitative Faktoren wie Servicebereitschaft der Mitarbeiter einbezogen. Strategisches Benchmarking legt den Fokus auf die Wettbewerbsposition sowie das Marktverhalten des Unternehmens. Überdies wird die eigene Strategie im Kontext mit der des Vergleichsobjektes untersucht.[90] Der Benchmarking-Prozess erfolgt in fünf Phasen. Zunächst erfolgt die Definition des Analyseobjekts sowie die Zielsetzung. Daraufhin werden in der internen Analyse die Benchmarkingpartner und zu untersuchenden Geschäftsprozesse identifiziert. Der dritte Schritt beinhaltet den Vergleich mit dem Ziel, Unterschiede und Optimierungspotenziale herauszuarbeiten und durch Statistiken, Markdaten sowie Interviews zu fundieren. Im vorletz-

---

[88] vgl. Rehäuser, Jakob (1999), S. 39; S. 44. vgl. Woratschek, Herbert et al. (2015), S. 66. vgl. Töpfer, Armin (1997), S. 44; S. 78. vgl. Sabisch, Helmut/ Tintelnot, Claus (1997), S. 11 f. vgl. Evanschitzky, Reiner/ Ahlert, Dieter (2003), S. 54 f.

[89] vgl. Sabisch, Helmut/ Tintelnot, Claus (1997), S. 25. vgl. Rehäuser, Jakob (1999), S. 43. vgl. Woratschek, Herbert et al. (2015), S. 70. vgl. Töpfer, Armin (1997), S. 37.

[90] vgl. Sabisch, Helmut/ Tintelnot, Claus (1997), S. 22 f. vgl. Töpfer, Armin (1997), S. 39. vgl. Rehäuser, Jakob (1999), S. 42.

ten Schritt werden aus den Ergebnissen Maßnahmen entwickelt und ein Konzept erarbeitet, welches die notwendigen Veränderungsprozesse in das Unternehmen implementieren soll. Dieses Konzept wird im letzten Schritt umgesetzt und sollte regelmäßig auf Aktualität und Sinnhaftigkeit überprüft werden.[91]

Das Instrument Benchmarking wird nicht ausgewählt, um die strategische Positionierung unter Bezugnahme auf die Digitalisierung im Kapitel 5 zu analysieren, da es kein vergleichbares Produkt oder weitere, eigenständige Standorte gibt und die Möglichkeit der internen Analyse entfällt. Für externes Benchmarking wird der Zugriff auf Marktdaten von Vergleichsobjekten benötigt, welcher nicht gegeben ist. Wenn diese Daten vorhanden sind, kann bei ähnlicher Forschungsfrage das strategische Benchmarking durchgeführt werden. Sollte ein passendes Vergleichsobjekt gefunden werden, so können die Ergebnisse aus den Kapiteln 5 und 6 in die Benchmarking-Analyse einbezogen werden.

3.5.2 Ansoff-Matrix

Die Ansoff-Matrix ist ein Instrument zur Ableitung marktorientierter Strategien und wird auch als Produkt-Markt-Portfolio bezeichnet. Auf der X-Achse steht hier das Produkt, auf der Y-Achse der Markt. Diese Dimensionen werden in den Messgrößen „gegenwärtig" und „neu" in einer 4-Felder-Matrix dargestellt. Ziel ist es, durch vier vorgegebene Strategien die Optionen zu reduzieren und so die strategische Planung des Unternehmens festzulegen. Ferner soll das Unternehmen durch die Ansoff-Matrix unterstützt werden, entsprechende Maßnahmen und Konzepte zu entwickeln. Damit die Analyse durchgeführt werden kann, müssen die möglichen Markt- und Produktkombinationen klar definiert und voneinander abgegrenzt werden. Die Marktdurchdringungsstrategie empfiehlt bestehende Produkte in bereits bestehenden Märkten anzupreisen. Dies gelingt durch das Abwerben der Kunden von Wettbewerbern, Neukundengewinnung oder auch einem gesteigerten Kaufverhalten der Bestandskunden. Der Aufwand hier ist gering und die Erfolgswahrscheinlichkeit hoch. Entscheidet sich das Unternehmen für die Produktentwicklungsstrategie, so werden neue Produkte in bestehenden Märkten eingeführt. Diese neuen Produkte richten sich meist nach den neuen, spezifischen Anforderungen der Kunden und können auch eine optimierte Versi-

---

[91] vgl. Töpfer, Armin (1997), S. 44 ff.; S. 80. vgl. Sabisch, Helmut/ Tintelnot, Claus (1997), S. 35. vgl. Evanschitzky, Reiner/ Ahlert, Dieter (2003), S. 61 ff.

on von alten Produkten sein. Ein neues Produkt zu entwickeln erfordert einen hohen Aufwand, wobei die Erfolgswahrscheinlichkeit lediglich im Mittelfeld liegt. Unternehmen können darüber hinaus mit dem bestehenden Produktportfolio in neuen Märkten vorstellig werden (Marktentwicklungsstrategie). Neue Märkte können geographische Erweiterungen aber auch neu identifizierte Zielgruppen im bisherigen Markt sein. Hier verhalten sich Aufwand und Erfolgswahrscheinlichkeit neutral. Mit Hilfe der Diversifizierungsstrategie, welche neue Produkte in neuen Märkten empfiehlt, können Unternehmen mit einem guten Alleinstellungsmerkmal durchaus erfolgreich sein. Dieser strategische Wettbewerbsvorteil kann einen guten Markteinstieg ermöglichen. Andernfalls gibt es wenig Aussichten auf Erfolg, da vorab ein sehr hoher Aufwand nötig ist, um die erforderlichen Produkt- und Marktkenntnisse zu erlangen.[92]

Die Ansoff-Matrix wird im weiteren Verlauf dieser Masterthesis nicht angewendet, um die strategische Positionierung weiter zu analysieren. Diese Entscheidung beruht darauf, dass das Unternehmen zum Ziel hat, mit dem bestehenden Produkt erfolgreich zu sein. Somit finden zwei Felder der Matrix keine weitere Betrachtung und die Analyse kann keine sinnvollen Strategieempfehlungen geben.

3.5.3 BCG-Matrix

Die BCG-Matrix, benannt nach der **B**oston **C**onsulting **G**roup, ist eine absatzmarktorientierte Portfolioanalyse, welche die strategischen Geschäftseinheiten eines Unternehmens einordnet. Analog zu der McKinsey-Portfolioanalyse werden hier für die Dimensionen Marktattraktivität und Wettbewerbsstärke genutzt, allerdings in den spezifischen Formen Marktwachstumsrate (Y-Achse) und relativer Marktanteil (X-Achse). Sie hat das Ziel die Geschäftseinheiten transparent darzustellen, die Komplexität der Strategiediskussion zu minimieren sowie Maßnahmen auf Basis der Analyseergebnisse zu entwickeln. Untersuchungsgegenstände können Produkte, Marken, Kunden, Geschäftsfelder oder einzelne strategische Geschäftseinheiten sein. Um die Normstrategie zu identifizieren, werden die Werte in einer 4-Felder-Matrix dargestellt. Das Feld „Cash Cow" beschreibt eine Geschäftseinheit, welche profitabel ist und einen guten Umsatz generiert. Hier sind wenig weitere Investitionen notwendig, weshalb Erträge abgeschöpft und die

---

[92] vgl. Schawel, Christian/ Billing, Fabian (2018), S. 31 ff. vgl. Macharzina, Klaus (1995), S. 310 ff. vgl. Aumayr, Klaus (2016), S.147 f.; S. 153 ff.

Marktposition gefestigt werden können. Es hat einen hohen relativen Marktanteil, jedoch ein niedriges Marktwachstum. Die „Stars" weisen in beiden Dimensionen hohe Werte auf. Um den Marktanteil weiter hoch zu halten, muss investiert werden. Gerne wird hier auf strategische Optionen wie Joint-Ventures sowie Vorwärts- oder Rückwärtsintegration zurückgegriffen. Schwieriger zu definieren ist die optimale Strategie für das „Question Mark" Feld. Mit einem hohen Marktwachstum, aber einem geringen relativen Marktanteil gibt es die Optionen zu investieren, um ein „Star" zu werden oder zu desinvestieren und sich vom Markt zurückzuziehen. Diese letzte Option fällt in das Feld des „Dog". Mit geringen Ausprägungen in beiden Dimensionen ist es strategisch sinnvoll zu desinvestieren oder die Geschäftseinheit zu verkleinern.[93]

Die BCG-Matrix wird nicht für weitere Analysen in dieser Thesis ausgewählt, da die ihr verwandte McKinsey-Portfolioanalyse mit der Neun-Felder-Matrix spezifischer und theoretischer in der Gesamtaussage ist. Bedingt durch eine Vielzahl von Faktoren zur Beschreibung der Dimensionen sowie deren Gewichtung und Bewertung können in letztere weitere Einflüsse integriert werden. Dies ermöglicht eine intensivere Auseinandersetzung mit dem Untersuchungsgegenstand und eine fundierte Entwicklung von Handlungsempfehlungen und Maßnahmen.

3.5.4 Balanced Scorecard

Ein weiteres Instrument für die strategische Führung von Unternehmen ist die Balanced Scorecard. Durch die Verknüpfung verschiedener Perspektiven soll die gewählte Strategie operationalisiert und implementiert werden. Diese Perspektiven werden von Kaplan/Norten wie folgt definiert: Finanzen, Geschäftsprozesse, Kunde/Markt und Lernen/Entwicklung. Die finanzielle Perspektive beinhaltet klassische Kennzahlen wie beispielsweise Return on Investment und Rentabilität. Eine Analyse der Geschäftsprozesse soll die Effizienz untersuchen und steigern. Die Kunden- und Marktperspektive fundiert auf Zielen wie Kundenzufriedenheit und Markentreue. Die Fähigkeit zur Innovation sowie der derzeitige Innovationsgrad werden in der Lern- und Entwicklungsperspektive aufgegriffen. Für jede Perspektive werden individuelle Ziele, Kennzahlen, Vorhaben sowie Maßnahmen festgelegt. Ziel ist es, eine optimierte Aussagekraft des Controllings zu erreichen,

---

[93]   vgl. Schawel, Christian/ Billing, Fabian (2018), S. 41 ff. vgl. Hennig, Alexander (2019), S. 69 ff. vgl. Bea, Franz Xaver/ Haas, Jürgen (2019), S. 168 ff. vgl. Macharzina, Klaus (1995), S. 291; S. 295 ff.

einzelne Ziele zusammenzufassen sowie Unterstützung bei der operativen Strategieumsetzung zu erlangen. Der Anwendungsgegenstand ist stets ein einzelnes Objekt, wobei die Balanced Scorecard unabhängig des Untersuchungsobjektes verwendet werden kann. Es ist sinnvoll dieses Instrument zu nutzen, wenn Steuerungssysteme für Geschäftsfelder implementiert werden sollen. Ein Unternehmen sollte zuvor überprüfen, ob die einzelnen Ziele verknüpft werden können, die IT-Systeme die entsprechenden Voraussetzungen haben und ob eine Projektorganisation vorhanden ist, in welcher die Perspektiven fachübergreifend zusammenlaufen. Der Prozess zur Einführung des Instruments ist in vier Phasen aufgeteilt. Zunächst erfolgt die IST-Analyse, in welcher der Untersuchungsgegenstand definiert und abgegrenzt wird. Darauf aufbauend sollen die Ziele und Kennzahlen festgelegt werden. In der zweiten Phase wird die geschäftsfeldspezifische Erarbeitung der Balanced Scorecard in den Mittelpunkt gestellt. Strategische Ziele, Kennzahlen, Vorgaben und Maßnahmen werden in den einzelnen Perspektiven erarbeitet und miteinander in einem Ursache-Wirkungsdiagramm in Bezug gesetzt. Die Balanced Scorecard ermöglicht Unternehmen so eine Optimierung der gesamten Wertschöpfungskette, indem die Zielvorgaben abgestimmt und aufeinander aufgebaut werden. In der Phase der „Konsolidierung und Erstellung der Unternehmens-Balanced Scorecard" werden die vier Perspektiven aggregiert und eine Unternehmens-Balanced Scorecard entworfen. Die offizielle Verabschiedung ebendieser durch das Management bildet den Abschluss dieser Phase. Zuletzt werden die Balanced Scorecards umgesetzt, angepasst sowie laufend auf die Sinnhaftigkeit überprüft. Darüber hinaus findet in dieser „Implementierung und Monitoring"-Phase das Anpassen der Management-Informationssysteme statt.[94]

Der Fokus dieser Masterthesis soll auf der Überprüfung und Optimierung der strategischen Positionierung liegen. Bei der Durchführung der Analysen wird gegen eine Balanced Scorecard entschieden, da sie primär ein Instrument zur Strategieumsetzung und nicht zur Strategiefindung ist. Darüber hinaus ist die externe Bewertung einzelner Faktoren in den verschiedenen Perspektiven nicht vorgesehen. Ferner ist die Aggregation der qualitativen und quantitativen Daten auf gemeinsame Ziele nur schwer möglich. Zuletzt gab die geringe Akzeptanz der not-

---

[94] vgl. Schawel, Christian/ Billing, Fabian (2018), S. 37 ff. vgl. Schuh, Günther/ Kampker, Achim (2011), S. 436 f. vgl. Link, Jörg/ Münster, Jan und Gary, Alexander (2011), S. 174 ff. vgl. Homburg, Christian (2017), S. 1257 ff. vgl. Bea, Franz Xaver/ Haas, Jürgen (2019), S. 226 ff.

wendigen Transparenz bei den ausgewählten internen Experten den Ausschlag für die Entscheidung gegen die Balanced Scorecard.

4 Die Auswirkungen der Digitalisierung auf IT-Unternehmensberatungen

In diesem Kapitel werden die Veränderungen des IT-Dienstleistungsmarkts anhand verschiedener Lünendonk-Studien beschrieben.

Die Lünendonk-Studien werden als Quelle ausgewählt, da das Unternehmen Lünendonk & Hossenfelder im deutschsprachigen Raum das einzige Marktforschungsunternehmen mit dem Fokus auf B2B-Services ist und als unabhängiger Informations- und Transformationspartner agiert. Die jährlich veröffentlichten Listen und Studien sind branchenweit ein anerkanntes Marktbarometer.

4.1 Die Veränderungen des IT-Dienstleistungsmarkts

Der IT-Dienstleistungsmarkt wird signifikant von der Digitalisierung beeinflusst. Unternehmen müssen auf Marktanforderungen nach neuen Technologien und Kundenwünschen schnell reagieren, weshalb 87% der von Lünendonk befragten Unternehmen sich mit der Thematik „Umsetzung der Digitalisierung der Kundenschnittstellen und kundenzentrischen Strategien" beschäftigen.[95]

Viele Unternehmen haben die klassischen Strukturen noch nicht neu ausgerichtet und sind aktiv auf der Suche nach externer Unterstützung. Die konsolidierten IT-Landschaften werden aufgebrochen und heterogener. Zeitgleich wird versucht, die interne IT stärker in Businessprojekte einzubeziehen und diese aktiv zu fördern. Digitalisierungsprojekte weisen eine hohe Priorität auf, weshalb ausreichend Budget für die Umsetzung zur Verfügung steht. Dennoch werden nur ca. 10% aller IT-Projekte umgesetzt. Daher sind Partnerschaften mit externen Dienstleistern für Unternehmen wichtig, um mit der Digitalisierung Schritt halten zu können. Die Entscheidung fällt meist der CIO oder der IT-Einkauf.[96]

Um konkurrenzfähig zu bleiben, müssen Dienstleister die aktuellen und künftigen Bedürfnisse der Kunden kennen und befriedigen können. Dies führt dazu, dass sich nicht nur die Kunden der digitalen Transformation unterziehen müssen, sondern auch die Dienstleister die Organisationsstrukturen, Strategien und Produktportfolios neu konzipieren und an den Markt anpassen müssen. So können Berater nur in agile Projekte vermittelt werden, wenn sie diese Arbeitsweise kennen

---

[95] vgl. Zillmann, Mario/ Rauch, Christina (2018), S. 22; S. 38 f.

[96] vgl. Zillmann, Mario/ Rauch, Christina (2018), S. 20; S. 23; S. 48. vgl. o.V. (2018), S. 18 f.

und dessen Anforderungen erfüllen. Viele IT-Dienstleister weisen diese agile Kompatibilität noch nicht auf. Zudem fordern viele Kunden die Onsite Beratung, was aufgrund des Fachkräftemangels seitens der Dienstleister nicht immer umzusetzen ist. Bei der Ausgestaltung der Verträge ist besonders auf die illegale Arbeitnehmerüberlassung sowie Scheinselbstständigkeit zu achten. Unternehmen benötigen häufig Unterstützung im Bereich der externen Entwickler und Softwaretester.[97]

Um den Anforderungen der Digitalisierung gerecht zu werden, sollten IT-Dienstleister ihre Leistungsmerkmale wie folgt ausrichten. Auftraggeber verlangen nach Expertise von agilen Prozessen und Vorgehensweisen. Zudem sollten IT-Dienstleister diese dynamischen Prozesse auch selbst leben und eine gewisse Offenheit und Flexibilität gegenüber den Kunden zeigen. Dies wird besonders benötigt, da die Kundenbedürfnisse zunehmend heterogener werden und individuell bearbeitet werden müssen. Die Berater sollten stets im engen Austausch mit ihrem Backoffice stehen, da sie durch ihre Tätigkeit Marktveränderungen schnell registrieren. Unternehmen fordern von ihren IT-Dienstleistern vor allem ein gutes Verständnis für interne Fachprozesse und Unternehmensstrategien. Zudem sollten gesetzliche und regulatorische Anforderungen der Branche bekannt sein. Kompetenzen in modernen Technologien und Branchenwissen sind ebenfalls von Vorteil. Neben der fachlichen Kompetenz werden, begründet durch die Agilität in Projekten, auch die Soft Skills der Berater immer wichtiger. Hierzu zählen unter anderem Kommunikation und Integrität. Es muss zunehmend interdisziplinär und mit verknüpftem Know-how gearbeitet werden, wobei die Mitarbeiter stets eine eigenverantwortliche Arbeitsweise aufweisen müssen. Von Vorteil ist es darüber hinaus, intern kurze Entscheidungswege sowie ein partnerschaftliches Verhältnis zu seinen Kunden zu etablieren.[98]

Die Technologien der Zukunft verändern sich durch die Digitalisierung stets, da der Prozess langfristig angelegt ist. Die gesamten Prozessabläufe müssen neu strukturiert werden, was größte Präzision bedeutet, da das Risiko von Störungen hoch ist. Zu den neuen Technologien gehören primär die Themen Künstliche Intelligenz (KI) und Internet of Things (IoT). Mit Hilfe von KI können unter anderem

---

[97] vgl. Lünendonk & Hossenfelder GmbH (2019), S. 20 ff. vgl. o.V. (2019), S. 17; S. 24. vgl. Zillmann, Mario/ Rauch, Christina (2018), S. 28.

[98] vgl. o.V. (2019), S. 15. vgl. Lünendonk & Hossenfelder GmbH (2019), S. 28 ff.; S. 58. vgl. o.V. (2018), S. 14; S. 38 f.; S. 42; S. 51 f.

technische Daten ausgewertet und die Kommunikation mit Kunden (durch Chatbots) sowie mit Vertragspartnern automatisiert werden. Dies hat einen positiven Einfluss auf die Customer Experience. Das Internet of Things ermöglicht Maschinen und Sensoren die Kommunikation untereinander, was die Produktionsprozesse effizienter macht. Zudem werden die Themen Cloud und Virtualisierung sowie Prozessdigitalisierung und -automatisierung weiterhin ein wichtiger Faktor sein. Für IT-Unternehmensberatungen, die entwicklungsnah arbeiten, ist es essenziell den **DevOps**-Ansatz zu beherrschen, da Kunden diese Methode zunehmend in den agilen Projekten nutzen. Die Digitalisierungsstrategien von Unternehmen beinhalten ebenfalls Services im ERP- und CRM-Umfeld.[99] 25% der, von der Wirtschaftskammer Österreich, befragten klein- und mittelständischen Unternehmen möchten überdies im Jahre 2020 ihre IT-Sicherheitslösungen optimieren.[100]

Fehlende Mitarbeiter sowie fehlendes Fach- und Technologie-Know-how sind laut der Lünendonk Studie die Hauptgründe für die Nichtumsetzung von IT-Projekten. Wie bereits angemerkt leiden IT-Dienstleister sowie Unternehmen gleichermaßen am Fachkräftemangel. Im Jahr 2017 blieb jede fünfte Stelle unbesetzt. Begründen lässt sich dieser Mangel an Personal unter anderem mit der Outsourcing Welle in den 90er Jahren, wo die IT noch als großer Kostenfaktor gesehen wurde, den man primär extern vergab. So ging viel internes Potenzial verloren, welches nun fehlt. Auftraggeber versuchen dies durch die Unterstützung der externen Dienstleister auszugleichen. Jedoch ist es für ebendiese auch zeitweise eine Herausforderung, die Projekte zu besetzen. Für Unternehmen ist es besonders schwer, qualifizierte Fachkräfte, welche sich mit den aktuellen Technologien und agilen Prozessen auskennen, zu rekrutieren, da sie auf dem Arbeitsmarkt mit Start-Ups, FinTechs und IT-Unternehmensberatungen konkurrieren. Letztere bieten den Kandidaten meist attraktivere Karriere- und Entwicklungsmöglichkeiten. Daher muss von jedem Arbeitgeber zunehmend auch auf die Weiterbildung und Qualifizierung der vorhandenen Mitarbeiter geachtet werden, um eine hohe Fluk-

---

[99] vgl. o.V. (2019), S. 5 f.; S. 7 ff.; S. 13; S. 20 f. vgl. Lünendonk & Hossenfelder GmbH (2019), S. 23 f.; S. 39 f.; S. 50 ff. vgl. o.V. (2018), S. 5. vgl. o.V. (2019), S. 21 ff. vgl. Zillmann, Mario/ Rauch, Christina (2018), S. 8; S. 13 ff.; S. 23 f.

[100] vgl. Wirtschaftskammer Österreich; Little; Wirtschaftsuniversität Wien (2019), Online im Internet: Welche IT-Projekte wird Ihr Unternehmen in den nächsten 12 Monaten realisieren?, Zugriff: 15.02 2020.

tuation zu vermeiden. Damit dennoch neue Fachkräfte gewonnen werden können, sollten die Arbeitszeitmodelle flexibler gestaltet und Incentives auf die Projekte abgestimmt werden. Darüber hinaus kann zielgerichtetes Employer Branding helfen, die Zielgruppe der Berufseiger besser zur erreichen. Diese Zielgruppe macht mehr als ein Drittel der Neueinstellungen aus. Als Alternative wird auch auf Near- und Offshore Regionen zurückgegriffen, auch wenn dies dem agilen Ansatz widerspricht. Die Digitalisierung bietet die Möglichkeit Mitarbeiter durch automatisierte Prozesse zu entlasten und für wertschöpfendere Tätigkeiten einzusetzen.[101]

Für IT-Dienstleister bietet sich die Chance tiefer in die Wertschöpfungskette des Kunden integriert zu werden, je mehr Beratungsleistungen in Anspruch genommen werden. Da die Digitalisierung noch lange nicht abgeschlossen ist, kann damit gerechnet werden, dass der Bedarf an IT-Fachkräften weiterhin steigt.

Die Digitalisierung weist branchenunabhängig eine hohe Relevanz auf. Dennoch haben sich Branchen aufgetan, in denen die Optimierungspotenziale durch digitalisierte Prozesse und zeitgleich der Bedarf an externen IT-Fachkräften besonders hoch sind. Zu diesen Branchen im Umbruch gehören Logistik, Industrie, Banken, Versicherungen sowie der öffentliche Sektor. Dies begründet sich wie folgt. In Logistik und Industrie 4.0 fordert der Markt neben der Automatisierung der Prozesse auch vernetzte Services wie autonomes Fahren und das Kommunizieren von Maschinen untereinander. Zudem sind hier komplexe, globale Produktions- und Logistikketten zu finden. Banken und Versicherungen haben große, sensible Datenmengen und einen hohen Aufwand an kundennahen Prozessen. Dies gilt ebenfalls für die öffentlichen Verwaltungen, welche den Fokus auf Online-Portale für die Kommunikation mit den Bürgern setzen. Ein hoher Bedarf an externer Unterstützung in Bezug auf Digitalisierungsvorhaben besteht branchenübergreifend vor allem bei mittelständischen Unternehmen, welche oft sehr spezialisierte Systeme nutzen, die in der Vergangenheit nicht optimiert wurden. Für sie besteht die Gefahr, den Anschluss an stärker digitalisierte Unternehmen zu verlieren und somit Marktanteile einzubüßen.[102]

---

[101] vgl. Zillmann, Mario/ Rauch, Christina (2018), S. 25; S. 34 ff.; S. 45. vgl. o.V. (2019), S. 11; S. 14 ff. vgl. o.V. (2019), S. 20 f. vgl. Lünendonk & Hossenfelder GmbH (2019), S. 31; S. 61 ff. vgl. o.V. (2018), S. 14; S. 24.

[102] vgl. Zillmann, Mario/ Rauch, Christina (2018), S. 16; S. 31 f.; S. 45 f.; S. 53 f. vgl. o.V. (2019),S. 28 f.

Wie bereits zu Beginn des Kapitels erwähnt, zählt die Automatisierung von Prozessen zu einer der größten Folgen der Digitalisierung, weshalb vor allem hier die Nachfrage auf der Kundenseite am größten ist. Nahezu alle Bereiche eines Unternehmens lassen sich automatisieren, was Kosteneinsparungen und Effizienzsteigerungen verspricht. Werden Schnittstellen zu Kunden mit Hilfe von KI automatisiert, so lässt sich die Beziehung zu den Kunden verbessern.[103]

Durch die neuen Technologien verändern sich die Arbeitsweisen innerhalb aller Unternehmen, auch wenn hier die Mehrheit noch am Beginn des Anpassungsprozesses steht. So wird vermehrt auf agile statt klassische Projektmanagement-Methoden gesetzt und die Entwicklung erfolgt zunehmend mit der DevOps Methode. Diese ermöglicht schnellere Time-To-Market-Zyklen und eine höhere Qualität der Software. Die Besonderheit/ Relevanz des agilen Projektmanagements wird im Glossar tiefergehend erläutert. Das agile Projektmanagement wird vor allem in der IT-Anwendungsentwicklung bei der Entwicklung von digitalen Services (Apps, Webportale etc.) und Kundenschnittstellen genutzt. Die Besonderheit der agilen Entwicklung liegt darin, dass der Scope (Umfang/ Ziel) variabel ist. Dies zeigt, dass vor allem businessnahe, innovative Projekte für agile Methoden geeignet sind. Jedoch wird derzeit nur in ausgewählten Projekten agil gearbeitet, da die internen Strukturen noch nicht auf agile Vorgehensweisen umgestellt sind. Daher kommt es in der Praxis oft vor, dass die klassischen und agilen Projektmanagementmethoden kombiniert werden. In der agilen Transformation von Unternehmen werden nicht nur die Prozesse und Tools umgestellt, sondern auch die hierarchische Organisationsstruktur. So arbeiten kleine Teams mit eigenständiger Arbeitsweise und hoher Entscheidungsbefugnis schneller, als Teams mit starren Strukturen. Dennoch wird durch Positionen wie **Scrum** Master oder Product Owner das Projekt zielgerichtet gesteuert. So sollen Fachbereiche und IT einen Vorteil in Kommunikation und Zusammenarbeit erlangen. Dies ist für viele Unternehmen eine große Herausforderung, da agile Teams IT-Ressourcen oft wesentlich schneller benötigen. Um das Unternehmen in ein agiles Zeitalter zu führen, muss daher der Wille zur bewussten Veränderung auf allen Hierarchieebenen

---

[103] vgl. Zillmann, Mario/ Rauch, Christina (2018), S. 6 f.; S. 15 ff.

vorhanden sein. Diesen Anforderungen müssen IT-Unternehmensberatungen Rechnung tragen.[104]

Aufgrund der hohen Komplexität und Dringlichkeit der Digitalisierung fordern Unternehmen zunehmend von ihren IT-Dienstleistern einen holistischen Ansatz in der Umsetzung der Digitalisierungsstrategien. Dieser soll den kompletten Lebenszyklus eines Geschäftsmodells, mit allen interdisziplinären Zusammenhängen, betrachten. In Ausschreibungen wird dieses Konzept von einer Mischung aus Digitalagentur, Management- und IT-Beratung bereits gefordert, indem verschiedene Projektbestandteile gebündelt ausgeschrieben werden. Folglich müssen IT-Unternehmensberatungen ihr Dienstleistungsportfolio um Design- und Kreativleistungen erweitern, um auf die veränderten Marktbedingungen zu reagieren. In diesem Zuge werden sie auch zu Wettbewerbern für Digitalagenturen. Ziel für den Kunden ist es, die Risiken sowie die Komplexität zu minimieren und einen festen Ansprechpartner für das gesamte Digitalisierungsvorhaben zu etablieren. Ausnahmen werden, je nach Thema und Projekt-Scope, jedoch in besonderen Projektsituationen gemacht. Überdies können sich IT-Unternehmensberatungen durch die Entwicklung von fach- und branchenspezifischen Lösungen weiter in die Wertschöpfungskette beim Kunden integrieren. Diese Lösungen sind meist sehr spezifisch ausgerichtet und sollen generische Software ersetzen. Zusammenfassend lässt sich sagen, dass die Mehrheit der großen IT-Unternehmensberatungen diesen Trend erkannt hat und versucht ein integriertes Portfolio aufzubauen, um gemeinsam mit den Kunden die Digitalisierung der Geschäftsmodelle voranzutreiben sowie seine Positionierung am Markt zu stärken.[105]

Der Beratermarkt wird sich aufgrund der Auswirkungen der Digitalisierung über das Jahr 2020 hinaus weiter verändern. Durch die tiefere Integration in die Wertschöpfungskette des Kunden eröffnen sich verschiedene Möglichkeiten einer Zusammenarbeit, welche im Folgenden kurz erläutert werden. Ist eine partnerschaftliche Beziehung bereits existent, kann diese ausgebaut und die gemeinsame Organisation weiter genutzt werden. Überdies besteht die Möglichkeit ein Joint Venture einzugehen und eine gemeinsame Gesellschaft zu gründen. Manche Kun-

---

[104] vgl. o.V. (2019), S. 6-11; S. 26. vgl. Lünendonk & Hossenfelder GmbH (2019), S. 32; S. 63 f. vgl. o.V. (2018), S. 3; S. 10.

[105] vgl. Lünendonk & Hossenfelder GmbH (2019), S. 55 f.; S. 58; S. 61. vgl. o.V. (2018), S. 13; S. 18 f. vgl. Zillmann, Mario/ Rauch, Christina (2018), S. 29 f.; S. 33; S. 36 f.; S. 41.

den möchten jedoch das Wissen intern aufbauen und die Rolle des Dienstleisters durch internes Personal ersetzen. Hier ist ein besonderer Know-how Transfer seitens der IT-Unternehmensberatung gefordert, um den Kunden zufriedenzustellen. Trotz der Umstellungen wird zukünftig mit einem Anstieg der Nachfrage und stetiger Budget-Erhöhungen der Kunden gerechnet, da die Unternehmen weiterhin Unterstützung bei der digitalen Transformation benötigen. Unterschätzen IT-Unternehmensberatungen jedoch die Nachfragethemen der Kunden, so besteht die Gefahr lieferunfähig zu werden und den Anschluss an den Wettbewerb zu verlieren.[106]

---

[106] vgl. Lünendonk & Hossenfelder GmbH (2019), S. 20; S. 59. vgl. o.V. (2018), S. 6; S. 9; S.16.

5 Schlussbetrachtung

Im folgenden Kapitel werden die Erkenntnisse aus den durchgeführten Analysen dieser Masterthesis abschließend aufgegriffen und in Handlungsempfehlungen zusammengefasst. Dabei wird in erster Linie die Zielsetzung dieser Thesis betrachtet.

5.1 Zusammenfassung

Das Ziel dieser Arbeit war, herauszufinden, inwiefern die Digitalisierung Auswirkungen auf die strategische Positionierung einer IT-Unternehmensberatung hat. Anhand der ausgewählten Methoden konnten die Anforderungen der Kunden und des Marktes identifiziert werden. Mit Hilfe der Ergebnisse der Analysen wurden im Anschluss Maßnahmen und Handlungsempfehlungen entwickelt. Die Analysen haben sowohl die interne als auch externe Sicht der einzelnen Faktoren differenziert beleuchtet und so ein aussagekräftiges Meinungsbild ergeben. Auf der Grundlage von den Expertenmeinungen ist es möglich, praxisorientierte Schlussfolgerungen zu ziehen. Weiterführende Analysen wie die Balanced Scorecard oder Benchmarking können durchgeführt werden, sofern die erforderlichen Grundlagen bereitstehen.

Zusammenfassend lässt sich sagen, dass die Auswirkungen der Digitalisierung auf die strategische Positionierung positiv sind. Das Unternehmen kann die bereits vorhandenen Ressourcen nutzen und optimieren, um den Auswirkungen bestmöglich entgegenzutreten. Gleichwohl nehmen der technologische Fortschritt und die sich verändernden Kundenanforderungen einen großen Einfluss auf das tägliche Geschäft der IT-Unternehmensberatung. Geschieht dies nicht, droht unter anderem der Verlust der festangestellten Mitarbeiter und somit die Grundlage für die Rentabilität. Darüber hinaus müssen Trends und innovative Technologien beobachtet und frühzeitig in die internen Weiterbildungsmaßnahmen implantiert werden. Die Position in der Nische der Qualitätssicherung weist eine hohe Relevanz für die künftigen Kundenanforderungen auf, denn je mehr die Digitalisierung zunimmt, desto mehr vernetzte Systeme müssen getestet werden. Es gilt, die Marktposition zu festigen und mittelfristig auszubauen.

Anhang

Komponenten des strategischen Planungsprozesses	Techniken der strategischen Planung
Zielbildung	Kennzahlen (2.3 u. III/3.2.3): Erfolgsgrößen, Rentabilitäten, Cash Flow, Wertorientierte Größen (Discounted Cash Flow, Shareholder Value, Economic Value, CFRoI, ROCE)
Umweltanalyse	Eco-Systeme (einleitendes Beispiel S. 52, 99) Marktanalyse (Wettbewerbsanalyse) (3.3.2.3.1) Branchenanalyse nach Porter (3.3.2.3.2) Indikatorenanalyse (3.3.3.1) Stakeholder-Ansatz (3.3.3.2) Chancen-/Risiko-Analyse (3.4) Risikomanagement (3.4) Prognoseverfahren (IV/3.2.2) Szenario-Analyse (IV/3.3.1) Früherkennungssysteme (IV/3.3.2) Konzept der Schwachen Signale (IV/3.4) Wissensmanagement (IV/5)
Unternehmens-analyse	Potenzialanalyse (4.2) Ressourcenanalyse (4.2.2) Wertkettenanalyse (4.2.1) Stärken-Schwächen-Analyse (4.2) Konkurrentenanalyse (4.2.3) Benchmarking (III/3.2.3) PIMS-Studie (4.5.1) Produktlebenszyklus-Analyse (4.5.2) Erfahrungskurven-Analyse (4.5.3) Preiserfahrungskurven-Analyse (4.5.3) Strategische Kostenanalyse (IV/4.4.1) Target Costing (IV/4.4.2) Design-to-cost (IV/4.4.2) Design Thinking (IV/4.4.2) Prozesskostenrechnung (IV/4.4.3) Lebenszyklusorientierte KER (IV/4.4.4)
Kombination aus Umweltanalyse und Unternehmensanalyse	Portfolio-Analyse (4.6) Lückenanalyse (5.1)
Strategiewahl	Portfolio-Analyse (4.6) Planungsmodelle (5.6.2)
Strategieimplemen-tierung	Budgetierung (6.2.1) Balanced Scorecard (6.2.2) Synoptische und inkrementale Planung (6.3.1) Retrograde, progressive, zirkuläre Planung (6.3.2) Projektmanagement (6.5)

Anhang 1: Strategischer Planungsprozess und -techniken
Quelle: Franz Xaver/ Haas, Jürgen (2019), S. 64.

Quellenverzeichnis

Monografien

Alt, Auth, Kögler (2017): Alt, Rainer; Auth, Gunnar und Kögler, Christoph: Innovationsorientiertes IT-Management mit DevOps, Wiesbaden: Springer Fachmedien, 2017.

Aumayr (2016): Aumayr, Klaus: Erfolgreiches Produktmanagement - Tool-Box für das professionelle Produktmanagement und Produktmarketing, 4., aktualisierte und erweiterte Auflage. Wiesbaden: Springer Fachmedien, 2016.

Bauer (2016): Bauer, Steffen: Produktionssysteme wettbewerbsfähig gestalten, München: Carl Hanser Verlag, 2016.

Bea, Haas (2019): Bea, Franz Xaver und Haas, Jürgen: Strategisches Management, 10., überarbeitete Auflage, München: UVK Verlag, 2019.

Botzkowski (2018): Botzkowski, Tim: Digitale Transformation von Geschäftsmodellen im Mittelstand, Herausgeber: Wolfgang Becker und Patrick Ulrich, Wiesbaden: Springer Fachmedien, 2018.

Brandes et. al. (2014): Brandes, Ulf; Gummer, Pascal; Koschek, Holger und Schültken, Lydia: Management Y – Agile, Scrum, Design Thinking & CO.: So gelingt der Wandel zur attraktiven und zukunftsfähigen Organisation, Frankfurt: Campus Verlag, 2014.

Burghardt (2013): Burghardt, Manfred: Einführung in Projektmanagement – Definition, Planung, Kontrolle und Abschluss, 6. Auflage, Erlangen: Publicis Publishing, 2013.

Burr (2014): Burr, Wolfgang: Markt- und Unternehmensstrukturen bei technischen Dienstleistungen, 2. Auflage, Wiesbaden: Springer Fachmedien, 2014.

Deckert (2019): Deckert, Ronald: Digitalisierung und Industrie 4.0, Wiesbaden: Springer Fachmedien, 2019.

Evanschitzky, Ahlert (2003): Evanschitzky, Reiner und Ahlert, Dieter: Dienstleistungsnetzwerke, Berlin Heidelberg: Springer-Verlag, 2003.

Foegen et al. (2015): Foegen, Malte; Battenfeld, Jörg; Croome, David; Dorn, Manuel; Gansser, Caroline; Kröll, Anna Katharina; Meyser, Astrid; Porro, Simon; Raak, Claudia: Der ultimative Scrum Guide 2.0, Darmstadt: wibas GmbH, 2015.

Foth (2016): Foth, Egmont: Erfolgsfaktoren für eine digitale Zukunft, Berlin: Springer Vieweg, 2016.

Gadatsch, Mangiapane (2017): Gadatsch, Andreas und Mangiapane. Markus: IT-Sicherheit, Wiesbaden: Springer Fachmedien, 2017.

Hanschke (2018): Hanschke, Inge: Digitalisierung und Industrie 4.0 - einfach und effektiv, München: Carl Hanser Verlag, 2018.

Hennig (2019): Hennig, Alexander: Marketing Schritt für Schritt, 4. Auflage, München: UVK Verlag, 2019.

Herrmann, Huber (2013): Herrmann, Andreas und Huber, Frank: Produktmanagement, 3., vollständig überarbeitete und erweiterte Auflage, Wiesbaden: Springer Gabler, 2013.

Hess (2019): Hess, Thomas: Digitale Transformation strategisch steuern, Wiesbaden: Springer Fachmedien, 2019.

Heuermann, Tomenendal, Bressem (2018): Heuermann, Roland; Tomenendal, Matthias und Bressem, Christian: Digitalisierung in Bund, Ländern und Gemeinden, Berlin: Springer-Verlag, 2018.

Hofert (2018): Hofert, Svenja: Agiler führen - Einfache Maßnahmen für bessere Teamarbeit, mehr Leistung und höhere Kreativität, 2. Auflage, Wiesbaden: Springer Gabler, 2018.

Homburg (2017): Homburg, Christian: Marketingmanagement - Strategie - Instrumente - Umsetzung – Unternehmensführung, 6., überarbeitete und erweiterte Auflage, Wiesbaden: Springer Fachmedien, 2017.

Kaiser (2014): Kaiser, Robert: Qualitative Experteninterviews, Wiesbaden: Springer Fachmedien, 2014.

Kerth, Asum, Stich (2011): Kerth, Klaus; Asum, Heiko und Stich, Volker: Die besten Strategietools in der Praxis, 5., erweiterte Auflage, München: Carl Hanser Verlag, 2011.

Klein (2013): Klein, Andreas: Business Development Controlling, München: Haufe-Lexware, 2013.

Kranz (2007): Kranz, Mathias: Management von Strategieprozessen, Wiesbaden: Deutscher Universitäts-Verlag | GWV Fachverlage GmbH, 2007.

Layton (2012): Layton, Mark: Agile Project Management for Dummies, New Jersey: John Wiley & Sons, 2012.

Link, Münster, Gary (2011): Link, Jörg; Münster, Jan und Gary, Alexander: Grundlagen des CRM - Strategie, Geschäftsprozesse und IT-Unterstützung, 3., vollständig überarbeitete und erweiterte Auflage, Herausgeber: Hajo Hippner, Beate Hubrich und Klaus D. Wilde, Wiesbaden: Gabler Verlag | Springer Fachmedien, 2011.

Macharzina (1995): Macharzina, Klaus: Unternehmensführung - Das internationale Managementwissen, 2., aktualisierte und erweiterte Auflage, Wiesbaden: Springer Fachmedien, 1995.

Mathieu (2004): Mathieu, Alexander: Strategie in High Velocity Märkten, Wiesbaden: Deutscher Universitäts-Verlag/ GWV Fachverlage GmbH, 2004.

Matys (2013): Matys, Erwin: Praxishandbuch Produktmanagement, 6., erweiterte und aktualisierte Auflage, Frankfurt/Main: Campus Verlag GmbH, 2013.

Meffert et al. (2019): Meffert, Heribert; Burmann, Christoph; Eisenbeiß, Maik und Kirchgeorg, Manfred: Marketing. 13., überarbeitete und erweiterte Auflage, Wiesbaden: Springer Gabler, 2019.

Meffert, Bruhn (2013): Meffert, Heribert und Bruhn, Manfred: Dienstleistungsmarketing: Grundlagen - Konzepte – Methoden, Wiesbaden: Springer-Verlag, 2013.

Mertens (2019): Mertens, Artur: Markenorientierte digitale Transformation, Wiesbaden: Springer Fachmedien, 2019.

Mitrakis (2019): Mitrakis, Nikolaos: Die Ausrichtung des IT-Service-Managements auf die Digitalisierung, Wiesbaden: Springer Fachmedien, 2019.

P. Hartel (2013): Hartel, Prof. Dr. Dirk H.: Consultant-Knigge, München: Oldenbourg Wissenschaftsverlag GmbH, 2013.

Perlitz, Schrank (2013): Perlitz, Manfred und Schrank, Randolf: Internationales Management, 6., vollständig neu bearbeitete Auflage, Konstanz / München: UVK Verlagsgesellschaft, 2013.

Quincy, Shuang, Huang (2012): Quincy, Ronald; Shuang, Lu und Huang, Chien-Chung: SWOT Analysis - Raising Capacity of Your Organization. Huamin Philanthropy Brochure Series - 2, 2012.

Rehäuser (1999): Rehäuser, Jakob: Prozessorientiertes Benchmarking im Informationsmanagement, Wiesbaden: Deutscher Universitäts-Verlag, Gabler, 1999.

Sabisch, Tintelnot (1997): Sabisch, Helmut und Tintelnot, Claus: Innovations- und Technologiemanagement, Berlin Heidelberg: Springer-Verlag, 1997.

Schawel, Billing (2018): Schawel, Christian und Billing, Fabian: Top 100 Management Tools, 6. Auflage, Wiesbaden: Springer Gabler, 2018.

Schuh, Kampker (2011): Schuh, Günther und Kampker, Achim: Strategie und Management produzierender Unternehmen, 2., vollständig neu bearbeitete und erweiterte Auflage, Berlin Heidelberg: Springer-Verlag, 2011.

Sternad (2015): Sternad, Dietmar: Strategieentwicklung kompakt, Wiesbaden: Springer Gabler, 2015.

Töpfer (1997): Töpfer , Prof. Dr. Armin: Benchmarking - Der Weg zu Best Practice, Berlin Heidelberg / New York: Springer, 1997.

Ulrich (1998): Ulrich, Peter: Organisationales Lernen durch Benchmarking, Wiesbaden : Springer Fachmedien, 1998.

Urbach, Ahlemann (2016): Urbach, Nils und Ahlemann, Frederik: IT-Management im Zeitalter der Digitalisierung, Berlin Heidelberg: Springer-Verlag, 2016.

Vivenzio, Vivenzio (2013): Vivenzio, Alberto und Vivenzio, Domenico: Testmanagement bei SAP®-Projekten: Erfolgreich Planen, Steuern, Reporten bei der Einführung von SAP®-Banking, Wiesbaden: Springer Fachmedien, 2013.

Vosberg (2003): Vosberg, Dana: Der Markt für Personaldienstleistungen, Wiesbaden: Springer Fachmedien, 2003.

Wald (2005): Wald, Peter M.: Neue Herausforderungen im Personalmanagement, Wiesbaden: Betriebswirtschaftlicher Verlag Dr. Th. Gabler/GWV Fachverlage GmbH, 2005.

Weber, Viehmann (2017): Weber, Herbert und Viehmann, Johannes: Unternehmens-IT für die Digitalisierung 4.0, Wiesbaden: Springer Fachmedien, 2017.

Welge, Al-Laham, Eulerich (2017): Welge, Martin K.; Al-Laham, Andreas und Eulerich, Marc: Strategisches Management - Grundlagen – Prozess – Implementierung, 7., überarbeitete und aktualisierte Auflage, Wiesbaden: Springer Fachmedien, 2017.

Wicharz (2012): Wicharz, Ralf: Strategie: Ausrichtung von Unternehmen auf die Erfolgslogik ihrer Industrie, 2. Auflage, Wiesbaden: Springer Fachmedien, 2012.

Woratschek et. al. (2015): Woratschek, Herbert; Schröder, Jürgen; Eymann, Torsten und Buck, Moike: Wertschöpfungsorientiertes Benchmarking: Logistische Prozesse in Gesundheitswesen und Industrie, Wiesbaden: Springer-Verlag, 2015.

Zarnekow (2007): Zarnekow, Rüdiger: Produktionsmanagement von IT-Dienstleistungen, Berlin Heidelberg: Springer-Verlag, 2007.

Zweifel, Borey (2016): Zweifel, Thomas D. und Borey, Edward J.: Strategie in Aktion, Wiesbaden: Springer Fachmedien, 2016.

Internetquellen

Augsten (2017): Augsten, Stephan: Was ist Application Lifecycle Management? Online im Internet: https://www.dev-insider.de/was-ist-application-lifecycle-management-a-606857/, Zugriff: 22.11.2019.

Bitkom, EITO (2020): Bitkom, EITO: Umsatz mit IT-Services in Deutschland in den Jahren 2005 bis 2020, Online im Internet: https://de.statista.com/statistik/daten/studie/157810/umfrage/marktvolumen-von-it-services-in-deutschland/, Zugriff: 28.01.2020.

Capgemini (2019) : Capgemini: Was sind die drei wichtigsten Anforderungen Ihrer Geschäftsleitung an die IT im Jahr 2019? Online im Internet: https://de.statista.com/statistik/daten/studie/818047/umfrage/anforderungen-an-it-abteilungen-in-unternehmen-in-der-dach-region/, Zugriff: 15.02.2020.

DIHK (2018): DIHK: Wie schätzen die Unternehmen den Stand der Digitalisierung insgesamt ein? Online im Internet: https://de.statista.com/statistik/daten/studie/479091/umfrage/stand-der-digitalisierung-in-deutschen-unternehmen/,Zugriff: 15.02.2020.

Gartner (2019): Gartner: Prognose zu den weltweiten Ausgaben für IT-Services von 2010 bis 2020, Online im Internet: https://de.statista.com/statistik/daten/studie/184781/umfrage/weltweite-ausgaben-fuer-it-services/, Zugriff: 28.01.2020.

o.V. (2018): o.V.: Lehrplan Certified Tester Foundation Level, Online im Internet: https://www.german-testing-board.info/wp-content/uploads/2020/01/CTFL-DE_Syllabus_2018_V3.1.pdf, Zugriff: 18.02.2020.

o.V. (2018): o.V.: Lehrplan Certified Tester Foundation Level, Online im Internet: https://www.german-testing-board.info/wp-content/uploads/2018/09/Lehrplan-Certified-Tester_Foundation-Level_Version2018.pdf, Zugriff: 18.02.2020.

o.V. (2019): o.V.: Die 25 führenden IT-Beratungs- und Systemintegrations-Unternehmen in Deutschland, Online im Internet: https://www.luenendonk.de/portfolio/luenendonk-liste-2019-die-25-fuehrenden-it-beratungs-und-systemintegrations-unternehmen-in-deutschland/, Zugriff: 27.10 2019.

Statista (2019): Statista: Umsatz mit IT-Consulting in Deutschland von 2016 bis 2021, Online im Internet: https://de.statista.com/prognosen/970100/prognose-zum-umsatz-mit-it-consulting-in-deutschland, Zugriff: 15.02 2020.

Wirtschaftskammer Österreich; Little; Wirtschaftsuniversität Wien (2019): Wirtschaftskammer Österreich; Little, Arthur D.; Wirtschaftsuniversität Wien: Welche IT-Projekte wird Ihr Unternehmen in den nächsten 12 Monaten realisieren? Online im Internet: https://de.statista.com/statistik/daten/studie/865735/umfrage/zukuenftige-it-projekte-von-mittelstaendischen-unternehmen-in-oesterreich, Zugriff: 15.02 2020.

Fachmagazine

Goericke (2019): Goericke, Stephan: Ist Fachkräftemangel eine Erfindung? In: SQ Magazin, Juni 2019, Nr. 51, S. 3.

Haase (2017): Haase, Thomas: Never touch a running system? In: SQ Magazin, Juni 2017, Nr. 43, S. 8-9.

Haupt (2019): Haupt, Georg: Qualitätssicherung durch selbstorganisierte Teams, (k)ein Widerspruch? In: SQ Magazin, September 2019, Nr. 52, S. 38 - 39.

Kiefer (2019): Kiefer, Christian: Eigenständigkeit und Selbstorganisation in der Praxis - Viel Verantwortung. In: dotnetpro, Dezember 2019, Nr. 12, S. 34 - 35.

Lauer (2020): Lauer, Natalie: KI im Kundenservice - Es fehlt an effizienten Tools. In: CRN, Januar 2020, Nr. 1, S. 35.

o.V. (2019): o.V.: Neue Zertifizierung für künstliche Intelligenz. In: SQ Magazin, September 2019, Nr. 52, S. 28.

Studien

Lünendonk & Hossenfelder GmbH (2019): Lünendonk & Hossenfelder GmbH.: Unternehmen erfinden sich neu - Strategien für eine erfolgreiche digitale Transformation, Mindelheim: Lünendonk & Hossenfelder GmbH, 2019.

o.V. (2018): o.V.: IT-Strategien und Cloud-Sourcing im Zuge des digitalen Wandels, Mindelheim: Lünendonk & Hossenfelder GmbH, 2018.

o.V. (2019): o.V.: Fit für die digitale Transformation, Mindelheim: Lünendonk & Hossenfelder GmbH, 2019.

o.V. (2019): o.V.: Scalable Agility - Von der agilen zur digitalen Transformation, Mindelheim: Lünendonk & Hossenfelder GmbH, 2019.

Zillmann, Lünendonk, Rauch (2017): Zillmann, Mario; Lünendonk, Jonas und Rauch, Christina: Business Innovation & Transformation – Wo stehen Unternehmen heute? Mindelheim: Lünendonk & Hossenfelder GmbH, 2017.

Zillmann, Rauch (2018): Zillmann, Mario und Rauch, Christina: Der Markt für IT-Beratung und IT-Service in Deutschland, Mindelheim: Lünendonk & Hossenfelder GmbH, 2018.